EXAM PRESS ®
ビジネス文書検定学習書

JN088129

すらすら ビジネス 文書検定

2級・3級

テキスト&問題集

西村この実 著

SE
SHOEISHA

本書内容に関するお問い合わせについて

このたびは翔泳社の書籍をお買い上げいただき、誠にありがとうございます。弊社では、読者の皆様からのお問い合わせに適切に対応させていただくため、以下のガイドラインへのご協力をお願い致しております。下記項目をお読みいただき、手順に従ってお問い合わせください。

ご質問される前に

弊社 Web サイトの「正誤表」をご参照ください。
これまでに判明した正誤や追加情報を掲載しています。

正誤表 https://www.shoeisha.co.jp/book/errata/

ご質問方法

弊社 Web サイトの「書籍に関するお問い合わせ」をご利用ください。

書籍に関するお問い合わせ https://www.shoeisha.co.jp/book/qa/

インターネットをご利用でない場合は、FAX または郵便にて、下記 "翔泳社 愛読者サービスセンター" までお問い合わせください。電話でのご質問は、お受けしておりません。

回答について

回答は、ご質問いただいた手段によってご返事申し上げます。
ご質問の内容によっては、回答に数日ないしはそれ以上の期間を要する場合があります。

ご質問に際してのご注意

本書の対象を越えるもの、記述個所を特定されないもの、また読者固有の環境に起因するご質問等にはお答えできませんので、予めご了承ください。

郵便物送付先および FAX 番号

送付先住所 〒160-0006 東京都新宿区舟町5
FAX 番号 03-5362-3818
宛　　　先 （株）翔泳社 愛読者サービスセンター

はじめに

　文書を書くことは，ビジネスはもちろん，社会生活全般にかかわるコミュニケーションの基本です。

　会社など組織においても，文書作成能力の低下は著しいですが，この検定の勉強をとおして，文書のルールを知っていただき，文書作成スキルの向上の一役になれればと思います。

　すでにビジネス社会でご活躍のみなさんも，これから社会で仕事をする学生のみなさんも，ビジネスパーソンのスタートとして，「ビジネス文書検定」を活用していただきたいです。

　ＩＴ技術が加速し，誰もが情報の送り手になっています。だからこそ，文書作成能力の重要性は今後増えていきます。

　ビジネス文書作成の上達のポイントは，他者が読んで理解しやすい文書です。本書で営業や企画に役立つ表現力を身につけることができれば，自信をもってビジネス文書を作成できます。

　学生のみなさんは，学生時代から仕事に役立つ内容を勉強でき，即戦力として仕事に取り組める，またビジネスパーソンのみなさんは，社会人のプロとして，さらなるスキルアップになることを願っております。

　本書出版にあたり，株式会社翔泳社の野口亜由子様には今まで同様にお力を注いでいただき，ご担当いただきました桜井春佳様には大変お世話になりました。この場を借りて心よりお礼申し上げます。

西村この実

第1章 表記技能 1

第 2 章 表記技能 2

第 3 章 表現技能

第 4 章 実務技能

模擬試験

ビジネス文書検定とは

　　ビジネス文書検定は，ビジネスで扱う基本的な文書を正確かつ迅速に書くのに
必要な知識や技能について問う試験で，3級・2級・1級の3つの級があります。
ここでは本書の対象になっている3級，2級の説明をします。

試験概要

受験資格	制限はありません。どなたでも受験できます。
試験実施時期	年2回（7月，12月頃）
出題形式	筆記試験：選択問題と記述問題
試験時間	2級130分，3級120分
試験範囲	10ページ参照
合格基準	1. 表記技能 2. 表現技能 3. 実務技能 各領域において，それぞれの得点が60%以上のとき合格となる。
合格発表	試験の約1か月後に通知

　　ここに記載されているのは2023年3月現在の情報です。受験の際は最新情報を
確認しましょう。

試験に関するお問い合わせ先
公益財団法人 実務技能検定協会
https://jitsumu-kentei.jp/BB/index
〒169-0075 東京都新宿区高田馬場 1-4-15
TEL:03-3200-6675　　FAX:03-3204-6758

学習のポイント

ビジネス文書検定の学習を進めるにあたってのポイントを下記に記します。

問題への取り組み方

ビジネス文書検定の問題は，3級，2級ともに5肢択一の選択問題と，自分の言葉で書く記述問題があります。

選択問題は同じ試験範囲であっても難易度の違いがあります。正解できる簡単な問題だけでなく，不正解だった問題の解説を読んで復習しましょう。ただ問題をこなして正解するだけを目標にするのではなく，その問題が「不適当」を選ぶ問題なら，「不適当」以外の選択肢が「適当」である理由を理解します。反対に「適当」を選ぶ問題なら，「適当」以外の選択肢がなぜ「不適当」なのかを理解することで，理解が深まります。

記述問題は正解を書くためには，覚えておくべき用語もありますので，Lessonの内容を再確認しながら，何度も解答を書いて覚えましょう。

なお，練習問題には，各 Lesson に付いている一問一答と，5肢択一形式の章末問題，模擬問題があります。この中で記述問題は，模擬試験の中にあります。

解説を読むことが合否を決める

検定試験までの限られた時間で合格を得るには，不正解だった問題の解説を十分に復習し，その後，類似問題を解いた際に，正解できることが，合格への早道です。確実に合格する勉強方法には効率よく，確実に理解することが合否を左右します。

ビジネス文書技能審査基準

3級

程度	領域		内容
実務に役立つ文書作成技能について，知識と技能との理本を身に付けていることにより，上司の指示に従って，普通の文書を正しく理解し，作成することができる。	Ⅰ 表記技能	(1) 総 合	① 文字を，丁寧に，正しく，読みやすく，整えて書くことができる。
		(2) 用 字	① やさしい実用文に使われる常用漢字と，固有名詞やビジネス用語に使われる漢字とを書くことができる。 ② 常用漢字表にはあるが，仮名書きすべき語句を，一応，知っている。 ③ 「現代仮名遣い」について，一応，知っている。 ④ 「送り仮名の付け方」を正しく使える。 ⑤ 片仮名が正しく書け，仮名書きする語句について，一応，知っている。 ⑥ 数字が正しく書け，漢数字と算用数字との使い分けができる。 ⑦ 句読点が正しく使える。
		(3) 用 語	① 一般の用語について，一応，知っている。 ② やさしい同音異義語や異字同訓語を使い分けることができる。 ③ 慣用の手紙用語について，一応，知っている。
		(4) 書 式	① 横書き通信文の構成とレイアウトについて，一応，知っている。
	Ⅱ 表現技能	(1) 正確な文章	① 普通の長さの文を，文法的によじれなく書ける。 ② 類義語を使い分けることができる。 ③ 曖昧な用語や二通りに解釈できるような語句について，一応，知っている。
		(2) 分かりやすい文章	① 表題（件名）が付けられる。 ② 箇条書きなどを使って，文章を分かりやすくすることができる。 ③ 分かりやすくするための図表が書ける。
		(3) 礼儀正しい文章	① 人を指す言葉・敬称を知っている。 ② 「お・ご（御）」を正しく付けられる。 ③ 動作の言葉に付ける尊敬語と謙譲語とを，単純な場合に，正しく使うことができる。 ④ 丁寧な言葉遣い，丁寧な言い回しが，一応，できる。 ⑤ 現在用いられている手紙上のエチケットやしきたりを，一応，知っている。
	Ⅲ 実務技能	(1) 社内文書	① 簡単な社内文書（通知文など）が書ける。
		(2) 社外文書	① 簡単な業務用社外文書が，文例を見て書ける。
		(3) 文書の取り扱い	① 受発信事務について，一応，知っている。 ② 「秘」扱い文書の取り扱いについて，知っている。 ③ 郵便について，一応，知っている。 ④ 用紙の大きさ，紙質について，一応，知っている。 ⑤ 印刷物の校正について，知っている。

2級

程度	領域		内容
実務に役立つ文書作成技能について，知識と技能との全般を身に付けていることにより，単独で普通の文書を正しく理解し，作成することができる。	Ⅰ 表記技能	(1) 総合	① 文字を，丁寧に，正しく，読みやすく，整えて書くことができる。
		(2) 用字	① 普通の実用文に使われる常用漢字とビジネス用語に使われる漢字とを書くことができる。 ② 常用漢字表にはあるが，仮名書きすべき語句を，知っている。 ③ 「現代仮名遣い」について，知っている。 ④ 「送り仮名の付け方」を，一定の基準に従って正しく使える。 ⑤ 数字が正しく書け，漢数字と算用数字との使い分けができる。 ⑥ 句読点の他，各種の区切り符号が正しく使える。
		(3) 用語	① 一般の用語について，知っている。 ② やや難しい同音異義語や異字同訓語を使い分けることができる。 ③ 慣用の手紙用語について，知っている。
		(4) 書式	① 縦書き通信文の構成とレイアウトについて，一応，知っている。 ② 公印の押し方について，一応，知っている。
	Ⅱ 表現技能	(1) 正確な文章	① やや長い文を，文法的によじれなく書くことができる。 ② 意味の近い類義語を，使い分けることができる。 ③ 曖昧な用語や二通りに解釈できるような語句について，知っている。
		(2) 分かりやすい文章	① 内容を的確に表した表題(件名)が付けられる。 ② 箇条書きなどを使って，文章を分かりやすくすることができる。 ③ 分かりやすくするための図表が十分書ける。
		(3) 礼儀正しい文章	① 人を指す言葉・敬称などを，よく知っている。 ② 「お・ご(御)」を正しく付けられる。 ③ 動作の言葉に付ける尊敬語と謙譲語とを，一般的な場合に，正しく使うことができる。 ④ 丁寧な言葉遣い，丁寧な言い回しができる。 ⑤ 現在用いられている手紙上のエチケットやしきたりを，知っている。
	Ⅲ 実務技能	(1) 社内文書	① 一般の社内文書(稟議・規定・議事録など)が書ける。
		(2) 社外文書	① 普通の業務用社外文書が，文例を見て書ける。 ② 簡単な社交文書が，文例を見て書ける。
		(3) 文書の取り扱い	① 受発信事務ができる。 ② 「秘」扱い文書の取り扱いについて，よく知っている。 ③ 適切な郵便方法を選ぶことができる。 ④ 用紙の大きさ，紙質などについて，知っている。 ⑤ 印刷物の校正ができる。

本書の使い方

3級, 2級の学習方法

　本書では3級, 2級の試験範囲はすべてカバーされています。3級では一般的な内容でビジネス文書の基本が問われ, 2級では必要な知識と技能の全般が問われますが, 試験範囲は同じですので, 一度に学習を進めることができます。

　各章はいくつかの Lesson に分かれ, Lesson は解説と問題に分かれています。

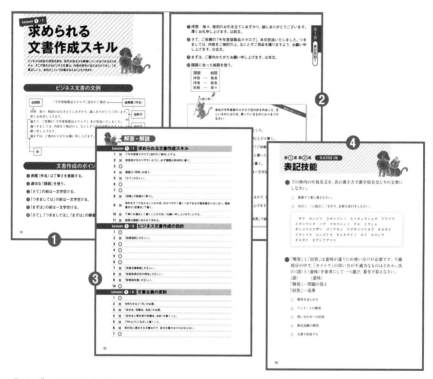

❶まず, 解説をよく読む

❷一問一答を解く

❸章末の解答を確認する。間違った問題は, 解説も読んで, 再度問題を解く

❹章末の練習問題を解く

　各章末には, 3級, 2級それぞれの練習問題が掲載されています。解答・解説は章末にあります。

　合格には, このステップの繰り返しが大切です。間違った問題はそのままにしないこと!

❺本番に試験に向けて模擬試験を解く

　巻末に模擬試験があります。試験と同様に時間を計って解きましょう。間違えたところはきちんと復習しましょう。

Webアプリについて

　本書には読者特典として，本書中の一問一答が解ける Web アプリが付いています。スマートフォンやタブレット，パソコンがあればいつでもどこでも学ぶことが出来ます。

　入手の方法については，14 ページをご覧ください。

※上記の画面例は姉妹書のものです。
本書のアプリとは異なります。

13

読者特典について

本書では下記の読者特典を用意しております。

❶ Web アプリ

各 Lesson に掲載されている一問一答の演習問題をすべて収録した Web アプリをご利用いただけます。スマートフォン，タブレット，パソコンなどからご利用いただけます。

❷ 解答用紙

模擬試験の解答用紙を PDF で提供します。印刷してご活用ください。

これらの読者特典をご利用になるには，お持ちのスマートフォン，タブレット，パソコンなどから下記の URL にアクセスしてください。画面の指示に従い，アクセスキーの入力し進んでください。なお，画面で指定された箇所のアクセスキーを半角英数字で，大文字，小文字を区別して入力してください。

❶

https://www.shoeisha.co.jp/book/exam/9784798179155

❷

https://www.shoeisha.co.jp/book/present/9784798179155

第 1 章
表記技能1

アクセスキー　**4**

（数字のよん）

求められる 文書作成スキル

ビジネスは自社の信用を高め，取引を成立させ継続していかなければなりません。そこで使われるビジネス文書は，内容を相手に伝えるだけでなく，「礼儀正しい人，会社だ」という印象を与えることもできます。

ビジネス文書の文例

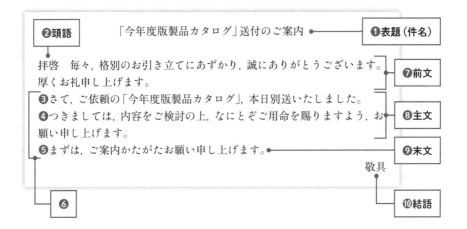

❷頭語

「今年度版製品カタログ」送付のご案内 ← **❶表題（件名）**

拝啓　毎々，格別のお引き立てにあずかり，誠にありがとうございます。厚くお礼申し上げます。 → **❼前文**

❸さて，ご依頼の「今年度版製品カタログ」，本日別送いたしました。 → **❽主文**
❹つきましては，内容をご検討の上，なにとぞご用命を賜りますよう，お願い申し上げます。
❺まずは，ご案内かたがたお願い申し上げます。 ← **❾末文**

敬具

❻　　　　　　　　　　　　　　　　　　　　　**❿結語**

文書作成のポイント

❶ 表題（件名）は丁寧さを意識する。

❷ 適切な「頭語」を使う。

❸ 「さて」の前は一文字空ける。

❹ 「つきましては」の前は一文字空ける。

❺ 「まずは」の前は一文字空ける。

❻ 「さて」，「つきましては」，「まずは」の順番を守る。

❼「拝啓　毎々, 格別のお引き立てにあずかり, 誠にありがとうございます。厚くお礼申し上げます。」は前文。

❽「さて, ご依頼の「今年度版製品カタログ」, 本日別送いたしました。つきましては, 内容をご検討の上, なにとぞご用命を賜りますよう, お願い申し上げます。」は主文。

❾「まずは, ご案内かたがたお願い申し上げます。」は末文。

❿頭語に合った結語を使う。

頭語		結語
拝啓	—	敬具
拝復	—	敬具
前略	—	草々

一問一答

会社の今年度版のカタログ送付状を作成した。正しいものには〇を, 誤っているものには×をつけなさい。

解答は42ページ

☐ 1　標題は「今年度版カタログ送付」とした。

☐ 2　適当な標題がない場合は,「ご案内」とだけ書く。

☐ 3　「頼まれていた」をビジネス文書で「ご依頼」に変えた。

☐ 4　用件のみを伝えたいので,「前略」と書いた。

☐ 5　主文の書き出しは「とりいそぎ」と書く。

☐ 6　主文に使う「つきましては」の前は一文字空ける。

☐ 7　末文は「まずは」で書き始める。

☐ 8　「前略」の結語は「敬具」である。

☐ 9　主文は簡潔に書くことが求められるので, 箇条書きで書く。

☐ 10　ビジネス文書なので「お願い申し上げます」ではなく「お願いします」と簡単に書く。

☐ 11　結語は頭語に関係なく, すべて「敬具」で統一する。

ビジネス文書作成の目的

会社では，伝達を文書やメールで行います。
これは全社員に対して，早く，同じ内容を伝えることができるからです。
口頭の場合，時間がかかる，聞き間違える，伝え漏れなどのミスが起こります。

社内文書の種類

❶ 通知文書：営業部長会議のお知らせ／冬季休暇のお知らせ

❷ 案内文書：健康診断の案内／社内購入割引の案内

❸ 依頼文書：広報原稿執筆の依頼／講師派遣の依頼

❹ 照会文書：前年度営業売上の照会／有給取得状況の照会

❺ 報告書　：出張報告書／日報

❻ 稟議書　：機器購入の伺い／社員雇用の伺い

❼ 議事録　：課内会議議事録／役員会議議事録

❽ 届け出　：欠勤届／始末書

❾ 規　定　：就業規則／文書取扱規則

通知文書の文例

　次は，営業本部長が作成した「定例営業部長会議」の通知文書の例です。

令和○年4月5日

営業部長各位

営業本部長

定例営業部長会議（通知）

1　日　　時　　4月28日（金）14時30分〜16時
2　場　　所　　本社7階第1会議室
3　議　　題　　3月売上実績の報告
4　資　　料　　3月売上実績表（配布済み）

以上

一問一答

解答は42ページ

社内文書名とその標題（件名）について関連すると思われるものには○を，関連しないものには×をつけなさい。

☐ **1**　通知文書：夏季休暇のお知らせ

☐ **2**　規　　定　：就業届け

☐ **3**　報告書　：出張報告書

☐ **4**　依頼文書：講師派遣の依頼

☐ **5**　届け出　：始末書

☐ **6**　案内文書：健康診断の案内

☐ **7**　議事録　：役員会内容証明

☐ **8**　照会文書：有給取得状況の伺い

☐ **9**　報告書　：営業結果

☐ **10**　稟議書　：備品購入の伺い

文書主義の原則

ビジネスでは，電話など口頭で通知や注文をするよりも，「文書」で伝えます。
この目的は「文書主義の原則」によるものです。

文書主義の原則

❶ 証拠として残ること
❷ 正確であること
❸ 一度に多くの人に伝えられること

注文書の文例

　電話で，注文したパソコンは10台です。しかし届いた台数は20台でした。取引先に連絡すると，確かに20台と聞いたとのことです。この場合，取引先が聞き間違えたと言ってくれるとは限りません。この20台のパソコンを購入することになると，会社にとって大きな損失となります。そのような事態にならないためにも，文書で伝えることが必要です。
　「文書主義の原則」によって作成した注文書の文例を見てみましょう。

営発第70号
令和○年8月30日

S物産株式会社
販売課長　山上　正敏様

Y株式会社
営業課長　下山　利光

　　　　　「PH-2」のご注文

拝啓　貴社ますますご発展のこととお喜び申し上げます。
　さて，このたび，下記の通り注文いたしますので，よろしくお願い申し上げます。

敬具

<pre>
                          記
  1 品　　名   パーソナルコンピューター「PH-2」
  2 数　　量   10台
  3 単　　価   218,000円
  4 納　　期   令和〇年9月10日
  5 支払い   月末締め翌10日払い（振込）   以上

                            担当　営業課　山下
</pre>

一問一答

取引先に注文書を作成したものとして，適当と思われるものには〇を，不適当と思われるものには×をつけなさい。

解答は42ページ

☐　**1**　発信番号は「営発第70号」とした。

☐　**2**　発信日時は「8月30日」だけでよい。

☐　**3**　受信者名は「S物産株式会社」などの会社名だけでよい。

☐　**4**　発信者名は文書作成者の名前を書いた。

☐　**5**　標題は具体的には本文に書くので，「注文書」とだけ書いた。

☐　**6**　注文書なので，前文は書かず，前略とした。

☐　**7**　前文の次は，「さて，このたび」とした。

☐　**8**　記書きは箇条書きとする。

☐　**9**　「以上」は文末に書く。

☐　**10**　担当者名は問い合わせがきたときのために部署と個人名を書く。

手書きの文書

最近は手書きの文書があまり見られなくなりました。しかし，手書きしたものはその人の人柄や気持ちがよく表れます。感謝の気持ちを伝える際に，丁寧に手書きしてみるのも良いかもしれません。

手書きの文書例

> 拝啓　ますますご清祥のこととお喜び申します。
> 　さて，このたびは結構なお品をご恵贈いただきまして，誠にありがとうございます。
> 　いつも，お心づかいいただき，感謝しております。
> 　季節柄，ご自愛くださいませ。
> 　まずは，取りあえず書中をもって御礼申し上げます。
>
> 　　　　　　　　　　　　　　　　　　　　　　　　敬具

手書きの文書作成のポイント

❶ 楷書
解答用紙の枠内に，漢字仮名交じり文で丁寧に書きます。上手な字を求めているわけではありませんが，楷書で，丁寧に書きましょう。

❷ 漢字の書き方
誤字当て字などに注意して書きます。

❸ 句点 (。) と読点 (,) の打ち方
設問では「読点を打ちなさい」と指示されます。解答には基本的に「,」（コンマ）を使って書きます。なかには「、」（テン）で解答する問題もありますので，問題の指示に従って使い分けましょう。

❹ 改行
改行は，文章を読みやすくするためのものです。改行がなく続いている文章は読みにくいからです。改行をしたときは，一文字空けてから書き始めます。Eメールの文面のように，行頭をそろえないようにしましょう。

一問一答

手書きの文書において，適当と思われるものには
〇を，不適当と思われるものには×をつけなさい。

解答は43ページ

- ☐ **1** 手書きなので，くずした字で丁寧に書く。

- ☐ **2** 漢字仮名交じり文で書く。

- ☐ **3** 字は下手な字を書かないように注意が必要である。

- ☐ **4** 書き終えたら，誤字当て字などに注意して見直す。

- ☐ **5** 「読点 (,) を打ちなさい」と指示があっても，解答には「、」(テン) に直して書く。

- ☐ **6** 解答に「、」(テン) を書くと減点される。

- ☐ **7** 改行は，行のスペースがいっぱいになったらするものである。

- ☐ **8** 改行をしたときは，一文字空けてから書き始める。

- ☐ **9** すべての行は行頭をそろえるようにする。

- ☐ **10** 正確に書けば，丁寧でなくても失礼にはならない。

常用漢字表と現代表記①

常用漢字表にあって，その意味や用法の違いによっては仮名書きにした方が
よいものはあります。仮名書きすべき語句について意味の違いを知ったうえ
で使用することが求められます。

主な漢字と仮名の書き分け①

■「ください」と「下さい」
- 「ください」は「～ください」となる場合
  例：ご注意ください
- 「下さい」は実際にもらう場合
  例：それを下さい

■「いただく」と「頂く」
- 「いただく」は「～していただく」となる場合
  例：ご出席いただく
- 「頂く」は「頂戴する」「頂上」などの意味を表す場合
  例：物を頂く

■「いたす」と「致す」
- 「いたす」は「謙譲」の意味を表す場合
  例：よろしくお願いいたします
- 「致す」は「影響を及ぼす」の意味を表す場合
  例：それは，致し方ない

■「こと」と「事」
- 「こと」は抽象的な内容を表す場合
  例：訪問することにしている
- 「事」は具体的な事例を表す場合
  例：事と次第による

■「ところ」と「所」

- 「ところ」は抽象的な意味で「ところ」を表す場合
  例：ご多忙のところ

- 「所」は具体的な場所を表す場合
  例：所変われば品変わる

■「とき」と「時」

- 「とき」は「〜する場合」と言い換えられる場合
  例：遅刻するときは連絡すること

- 「時」は「時期」「時刻」「時点」などの意味を表す場合
  例：時は金なり

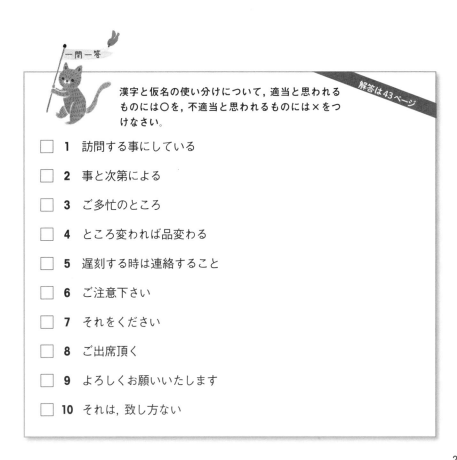

一問一答

漢字と仮名の使い分けについて，適当と思われるものには〇を，不適当と思われるものには×をつけなさい。

解答は43ページ

- [ ] **1** 訪問する事にしている
- [ ] **2** 事と次第による
- [ ] **3** ご多忙のところ
- [ ] **4** ところ変われば品変わる
- [ ] **5** 遅刻する時は連絡すること
- [ ] **6** ご注意下さい
- [ ] **7** それをください
- [ ] **8** ご出席頂く
- [ ] **9** よろしくお願いいたします
- [ ] **10** それは，致し方ない

第1章 表記技能1

常用漢字表と現代表記②

漢字と仮名の書き分けについて，意味の違いを知ったうえで
使用することが求められます。

主な漢字と仮名の書き分け②

■「訳」と「わけ」

- 「訳」は「意味」「理由」などの意味で書き表す場合
  例：どういう訳だ

- 「わけ」は軽い意味の語として書き表す場合
  例：そういうわけではない

■「程」と「ほど」

- 「程」は「時間・距離の程度」「物事の程度」などの意味で書き表す場合
  例：程なく終わる / 冗談にも程がある

- 「ほど」は「〜ぐらい」などの意味で書き表す場合
  例：二日間ほど出張する

■「物」と「もの」

- 「物」は物や慣用の言葉で用いる場合
  例：忘れ物 / 物事

- 「もの」は希望・回想の意味を表す場合
  例：未来というものは / 学生時代はよく勉強したものだ

■「確か」と「たしか」

- 「確か」は「明確」という意味を表す場合
  例：確かに見たことがある

- 「たしか」は「不明確」な意味合いが強い場合

■「度」と「たび」
- 「度」は「回数」を表す場合
  例：その度ごとに
- 「たび」は「とき・おり」を表す場合
  例：このたびは，ありがとうございます

■「有り難い」と「ありがたい」
- 「有り難い」は「ありにくい」という意味を表す場合
  例：世にも有り難い
- 「ありがたい」は「感謝」の意味で用いる場合

■「とも」と「共」
- 「とも」は軽い意味の語として書き表す場合や「〜とともに」と言葉が続く場合
  例：ぜひともお越しください
- 「共」は「一緒」の意味で書き表す場合

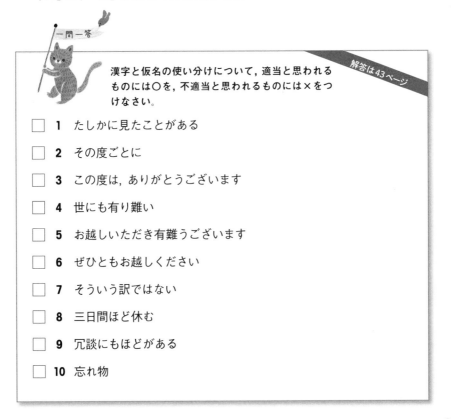

一問一答

漢字と仮名の使い分けについて，適当と思われるものには○を，不適当と思われるものには×をつけなさい。

解答は43ページ

- [ ] 1 たしかに見たことがある
- [ ] 2 その度ごとに
- [ ] 3 この度は，ありがとうございます
- [ ] 4 世にも有り難い
- [ ] 5 お越しいただき有難うございます
- [ ] 6 ぜひともお越しください
- [ ] 7 そういう訳ではない
- [ ] 8 三日間ほど休む
- [ ] 9 冗談にもほどがある
- [ ] 10 忘れ物

Lesson ① - 7

常用漢字と
固有名詞

固有名詞は，主に都道府県の県庁所在地を確実に書けるようにしましょう。

地域名		都道府県名	県庁所在地
北海道・東北	1	北海道（ほっかいどう）	札幌（さっぽろ）市
	2	青森県（あおもり）	青森（あおもり）市
	3	岩手県（いわて）	盛岡（もりおか）市
	4	宮城県（みやぎ）	仙台（せんだい）市
	5	秋田県（あきた）	秋田（あきた）市
	6	山形県（やまがた）	山形（やまがた）市
	7	福島県（ふくしま）	福島（ふくしま）市
関東	8	茨城県（いばらき）	水戸（みと）市
	9	栃木県（とちぎ）	宇都宮（うつのみや）市
	10	群馬県（ぐんま）	前橋（まえばし）市
	11	埼玉県（さいたま）	さいたま市
	12	千葉県（ちば）	千葉（ちば）市
	13	東京都（とうきょう）	新宿（しんじゅく）区
	14	神奈川県（かながわ）	横浜（よこはま）市
甲信越・北陸	15	新潟県（にいがた）	新潟（にいがた）市
	16	富山県（とやま）	富山（とやま）市
	17	石川県（いしかわ）	金沢（かなざわ）市
	18	福井県（ふくい）	福井（ふくい）市
	19	山梨県（やまなし）	甲府（こうふ）市
	20	長野県（ながの）	長野（ながの）市
東海	21	岐阜県（ぎふ）	岐阜（ぎふ）市
	22	静岡県（しずおか）	静岡（しずおか）市
	23	愛知県（あいち）	名古屋（なごや）市
近畿	24	三重県（みえ）	津（つ）市
	25	滋賀県（しが）	大津（おおつ）市
	26	京都府（きょうと）	京都（きょうと）市
	27	大阪府（おおさか）	大阪（おおさか）市
	28	兵庫県（ひょうご）	神戸（こうべ）市
	29	奈良県（なら）	奈良（なら）市

中国・四国	30	和歌山県（わかやま）	和歌山（わかやま）市
	31	鳥取県（とっとり）	鳥取（とっとり）市
	32	島根県（しまね）	松江（まつえ）市
	33	岡山県（おかやま）	岡山（おかやま）市
	34	広島県（ひろしま）	広島（ひろしま）市
	35	山口県（やまぐち）	山口（やまぐち）市
	36	徳島県（とくしま）	徳島（とくしま）市
	37	香川県（かがわ）	高松（たかまつ）市
	38	愛媛県（えひめ）	松山（まつやま）市
	39	高知県（こうち）	高知（こうち）市
九州・沖縄	40	福岡県（ふくおか）	福岡（ふくおか）市
	41	佐賀県（さが）	佐賀（さが）市
	42	長崎県（ながさき）	長崎（ながさき）市
	43	熊本県（くまもと）	熊本（くまもと）市
	44	大分県（おおいた）	大分（おおいた）市
	45	宮崎県（みやざき）	宮崎（みやざき）市
	46	鹿児島県（かごしま）	鹿児島（かごしま）市
	47	沖縄県（おきなわ）	那覇（なは）市

一問一答

都道府県名と県庁所在地について適当と思われる
ものには〇を，不適当と思われるものには×をつ
けなさい。

解答は44ページ

☐　**1**　岩手県の県庁所在地は岩手市である。

☐　**2**　北海道の県庁所在地は札幌市である。

☐　**3**　滋賀県の県庁所在地は大津市である。

☐　**4**　栃木県の県庁所在地は前橋市である。

☐　**5**　山梨県の県庁所在地は山梨市である。

☐　**6**　群馬県の県庁所在地は水戸市である。

☐　**7**　島根県の県庁所在地は鳥取市である。

☐　**8**　岐阜県の県庁所在地は甲府市である。

☐　**9**　佐賀県の県庁所在地は佐賀市である。

☐　**10**　沖縄県の県庁所在地は那覇市である。

Lesson **①** - 8

ビジネス用語と現代表記

現代表記の基本は,「現代仮名遣い」「常用漢字表」「送り仮名の付け方」です。

常用漢字表と現代表記

　常用漢字表とは,「法令,公用文書,新聞,雑誌,放送など,一般の社会生活において,現代の国語を書き表す場合の漢字使用の目安を示すもの」(「常用漢字表」平成 22 年 11 月 30 日内閣告示)です。漢字を使った情報交換を円滑に行うために,このような目安が必要になります。

　例えば,「バスにのって通がくします。」のような書き表し方はしません。「バスに乗って通学します。」のように,常用漢字表に沿って伝わりやすく書き表します。

　年賀状の文例を用いて,「常用漢字表」に基づいた現代表記に書き換えます。
　「ご挨拶」「お慶び」「何卒」「宜しく」は間違いではないですが,現在では,すべて旧表記です。ただし,儀礼的な文書や年賀状などでは,この表記が使用されています。

 例 1

謹賀新年
初春をお迎えのこととお慶び申し上げます。
　⬇
謹賀新年
初春をお迎えのこととお喜び申し上げます。

例2

賀正
謹んで初春のご挨拶を申し上げます。
⬇
賀正
謹んで初春のごあいさつを申し上げます。

例3

本年も何卒宜しくお願い申し上げます。
⬇
本年もなにとぞよろしくお願い申し上げます。

一問一答

解答は44ページ

「常用漢字表」に基づいた現代表記の文章について適当と思われるものには○を,不適当と思われるものには×をつけなさい。

- ☐ **1** 就職試験を受けに行きます。
- ☐ **2** 毎日,車で通きんをしています。
- ☐ **3** 毎あさ,コーヒーを飲みます。
- ☐ **4** 週末は旅行に行きます。
- ☐ **5** 授業でノートを使う。
- ☐ **6** 年頭のご挨拶を申し上げます。
- ☐ **7** 新年をお迎えのこととお慶び申し上げます。
- ☐ **8** 今後とも何卒よろしくお願い申し上げます。
- ☐ **9** 来年も宜しくお願いいたします。
- ☐ **10** 初春をお迎えのこととお喜び申し上げます。

ビジネス用語の漢字

ここでは，業種名，会社の役職名，部署名など会社内外でよく使うビジネス用語を間違いなく書けるようにしましょう。

業種名

商社　製造業　小売業　卸売業　情報機器　情報通信
金融業（銀行，証券会社，生命保険，損害保険，信販）
自動車　旅客鉄道　運輸　物流　流通　観光　旅行代理店
外食　衣料繊維　百貨店　建設業　住宅販売　不動産
医療品メーカー　化粧品メーカー　新聞社　通信社　放送業
出版社　印刷社　事務機器販売　人材教育など

会社の役職名

代表取締役　社長　専務　常務　部長　次長　課長　係長　本部長
支店長　支社長　工場長　部長代理など

会社の部署名

営業部　総務部　人事部　企画開発部　製造部　財務部　管理部
仕入部　販売促進部　広告宣伝部
営業課　経理課　人事課　経営企画課　福利厚生課　庶務課など

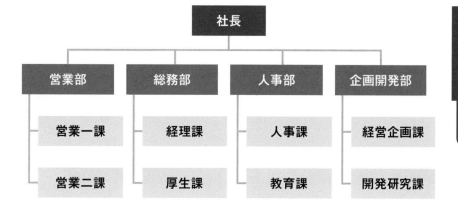

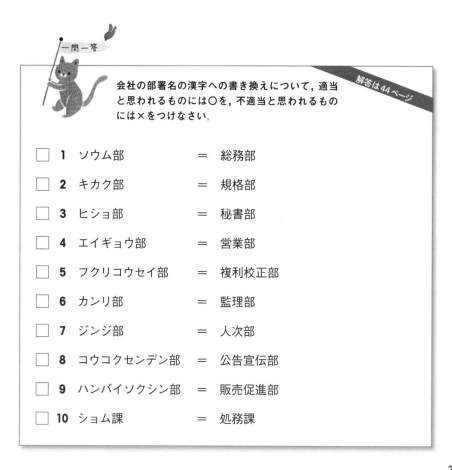

一問一答

会社の部署名の漢字への書き換えについて，適当と思われるものには○を，不適当と思われるものには×をつけなさい。

解答は44ページ

☐ **1** ソウム部 ＝ 総務部

☐ **2** キカク部 ＝ 規格部

☐ **3** ヒショ部 ＝ 秘書部

☐ **4** エイギョウ部 ＝ 営業部

☐ **5** フクリコウセイ部 ＝ 複利校正部

☐ **6** カンリ部 ＝ 監理部

☐ **7** ジンジ部 ＝ 人次部

☐ **8** コウコクセンデン部 ＝ 公告宣伝部

☐ **9** ハンバイソクシン部 ＝ 販売促進部

☐ **10** ショム課 ＝ 処務課

注文書

注文書は，商品やサービスの発注・注文の際に使われる書類です。
ここでは，取引先に注文する際の注文書の文例をもとに，記載項目と書式（レイアウト）の確認をします。

注文書の文例

営　発　第56号
令和○年8月2日

A物産株式会社
　営業課長　後藤　衛様

B商事株式会社
　営業課長　渡辺　悟

「HIQ　2000」のご注文

拝啓　貴社ますますご発展のこととお喜び申し上げます。
　さて，このたび，下記の通り注文いたしましたので，よろしくお願い申し上げます。

敬具

記

1　品　名　プロジェクター「HIQ　2000」
2　数　量　2台
3　単　価　208,000円
4　納　期　令和○年8月31日
5　支払い　末締め翌20日払い（振込）　　　　　　　以上

担当　営業課　神野

一問一答

解答は45ページ

「注文書」を作成する際に注意することとして、適当と思われるものには〇を，不適当と思われるものには×をつけなさい。

☐ **1** 発信日付は，空白にしておく。

☐ **2** 受信者名は，「会社名」を書く。

☐ **3** 「件名」は「注文」と書けばよい。

☐ **4** 社外文書なので，「頭語」は「拝啓」を使用した。

☐ **5** 相手は会社なので，前文は「貴社ますますご発展のこととお喜び申し上げます。」とした。

☐ **6** 「さて」を書くときは，改行し，一文字空ける。

☐ **7** 「結語」は「拝復」にした。

☐ **8** 「下記の通り」と書けば，「記」は書かなくてよい。

☐ **9** 「記書き」は箇条書きを使うと丁寧さに欠けるのでよくない。

☐ **10** 「担当者」の名前は「以上」の前に書く。

通知文書

ここでは社内文書の文例として通知文書を見ていきます。
通知文書は，関係者に必要な情報を知らせることを目的とする社内文書です。

通知文書の文例

令和○年7月8日

営業担当者各位

営業統括部長

定例営業担当者会議（通知）

1　日　　時　7月26日（水）16時〜17時
2　場　　所　本社第2会議室
3　議　　題　上半期売上実績と下半期の課題
4　資　　料　配信済み
　　　　　　　（1）本年度売上計画書
　　　　　　　（2）上半期売上実績表　　　　　　　　　　以上

担当　営業課　太田

一問一答

「通知文書」について適当と思われるものには〇を, 不適当と思われるものには×をつけなさい。

解答は45ページ

- □ 1 通知文書は, 会社や上司からの指示や通知をするための文書である。

- □ 2 文書は情報なので, 受け取った通知文書を読むことも仕事である。

- □ 3 通知文書で受けた指示は口頭での指示ではないので, 期限までに提出しなくてもよい。

- □ 4 営業担当者全員に送る通知文書の宛て名は「営業担当者ご一同様」とする。

- □ 5 毎月ある営業担当者会議の場合は, 表題 (件名) に「(毎月)」と記載する。

- □ 6 箇条書きで書く場合は, 「日時」「場所」の順に書く。

- □ 7 「資料」と書けば, 持参する資料は参加者が自分で判断して持参する。

- □ 8 追記する事項があれば, 「以上」の後に加える。

- □ 9 通知文書は, 社内のビジネス活動を円滑するための文書なので, 簡潔に読みやすくする。

- □ 10 「通知文書」を送った後は, 見ているかの確認のメールを入れるようにしている。

第1章　表記技能1

案内文書

案内文書は，会議や催しの開催について通知する文書です。
ホテル特別プランの案内文書を参考に，案内文書を見ていきましょう。
慣用句を用いて，より丁寧な表現でお客さまに気持ちを伝えることができます。

案内文書の文例

「新春宿泊プラン」のご案内

　拝啓　ますますご健勝のこととお喜び申し上げます。平素は格別のご愛顧を賜り，厚く御礼申し上げます。

　さて，当館は12月20日をもって，創業30周年を迎えることになりました。これも皆様方のお引き立てのたまものと，深く感謝申し上げます。

　つきましては，創業30周年を記念いたし，特別割引料金でご宿泊いただける「新春宿泊プラン」を企画いたしましたので，ここにご案内申し上げます。

　新年は，ぜひとも当館でお迎えいただきたく，スタッフ一同，心からお待ち申し上げております。

　まずは，ご案内申し上げます。

敬具

一問一答

「案内文書」を作成する際に，丁寧な表現に書き換えた内容である。適当と思われるものには○を，不適当と思われるものには×をつけなさい。

解答は45ページ

☐ 1　健康に過ごしている　→　ご健康と存じます
　　　ことと思います

☐ 2　日ごろは特別の　→　日ごろは格別の

☐ 3　ごひいきをくれて　→　ごひいきをいただき

☐ 4　皆さん方のひきたて　→　皆様方の引き立て
　　　のおかげでと　　　　　のおかげさまと

☐ 5　深く感謝します　→　陳謝いたします

☐ 6　ついては　→　つきましては

☐ 7　ぜひとも当館で　→　ぜひとも当館で
　　　迎えてもらいたく　　迎えられていただきたく

☐ 8　スタッフ全員　→　スタッフ一同

☐ 9　心から待っています。　→　心から待って申し上げます。

☐ 10　まずは，案内します。　→　まずは，ご案内申し上げます。

現代仮名遣いの用い方

現代仮名遣いでは，「じ・ず」を用いて書くのが基本です。
ただし，例外として「ぢ・づ」を用いる場合があるので，
「じ・ず」「ぢ・づ」の使い方を理解しましょう。

「ぢ・づ」を用いる仮名遣い

❶「ぢ」を用いる仮名遣いの例
「底力」は，「そこ」と「ちから」が一つになった語
→仮名で「そこぢから」

❷「づ」を用いる仮名遣いの例
「小包」は，「こ」と「つつみ」が一つになった語
→仮名で「こづつみ」

現代仮名遣いの書き表し方

「じ・ず」の場合	例外的に「ぢ・づ」を用いる場合
にちじ	❶ 二音の組み合わせの場合
じめん（地面）	まぢか（間近）
せかいじゅう〈せかいぢゅうも可〉（世界中）	こ（小）ぢんまり
おとずれる（訪れる）	ちかぢか（近々）
つまずく	そこぢから（底力）
さしずめ	いれぢえ（入れ知恵）
ひとり（一人）ずつ	うら（裏）づける
ゆうずう（融通）	こづつみ（小包）
りゃくず（略図）	つねづね（常々）
ひざまずく	こころづ（心尽）くし
いなずま〈いなづまも可〉（稲妻）	もと（基）づく
かたず	
きずな	❷ 同音が続く場合
さかずき（杯）	つづ（続）く
ほおずき	ちぢ（縮）む

一問一答

現代仮名遣いとして，適当と思われるものには〇を，不適当と思われるものには×をつけなさい。

解答は46ページ

☐ **1** ひとり（一人）づつ

☐ **2** ゆうずう

☐ **3** じめん

☐ **4** りゃくづ

☐ **5** きづな

☐ **6** まぢか

☐ **7** うらずける

☐ **8** いれぢえ

☐ **9** ちぢむ

☐ **10** つねづね

解答・解説

Lesson ❶ - 1 　求められる文書作成スキル

1	✗	『「今年度版カタログ」送付のご案内』とする。
2	✗	受信者が分かりやすいように，必ず標題は具体的に書く。
3	○	
4	✗	頭語の「拝啓」を使う。
5	✗	「さて」が正しい。
6	○	
7	○	
8	✗	「前略」の結語は「草々」。
9	✗	用件をすべて伝えることが大切。分かりやすく書くべきであるが箇条書きにはしない。箇条書きは「記書き」で書く。
10	✗	丁寧に礼儀正しく書くことが大切。「お願い申し上げます」とする。
11	✗	結語は頭語に合わせて決める。

Lesson ❶ - 2 　ビジネス文書作成の目的

1	○	
2	✗	「就業規則」が正しい。
3	○	
4	○	
5	○	
6	○	
7	✗	「役員会議事録」が正しい。
8	✗	「有給取得状況の照会」が正しい。
9	✗	「営業報告書」が正しい。
10	○	

Lesson ❶ - 3 　文書主義の原則

1	○	
2	✗	令和5年など「年」が必要。
3	✗	「会社名，役職名，名前」が必要。
4	✗	「会社名と責任者の役職名，名前」を書くこと。
5	✗	『「PH-2」のご注文』と書くこと。
6	✗	取引先に提出する文書なので，前文を書かなければならない。
7	○	

8	○	
9	✖	本文の最後，担当者名の前に書く。
10	○	

Lesson ❶ - 4　手書きの文書

1	✖	楷書で書く。
2	○	
3	✖	上手な字を求めているわけではありません。
4	○	
5	✖	問題の指示どおりに読点 (,) を書きます。
6	✖	減点はされない。
7	✖	改行は，文章を読みやすくするためのものです。
8	○	
9	✖	行頭はそろえない。
10	✖	正確に，丁寧に書くこと。

Lesson ❶ - 5　常用漢字表と現代表記①

1	✖	「訪問することにしている」が正しい。
2	○	
3	○	
4	✖	「所変われば品変わる」が正しい。
5	✖	「遅刻するときは連絡すること」が正しい。
6	✖	「ご注意ください」が正しい。
7	✖	物を指すので「それを下さい」が正しい。
8	✖	「ご出席いただく」が正しい。
9	○	
10	○	

Lesson ❶ - 6　常用漢字表と現代表記②

1	✖	「確かに見たことがある」が正しい。
2	○	
3	✖	「このたびは，ありがとうございます」が正しい。
4	○	
5	✖	「お越しいただきありがとうございます」が正しい。
6	○	

7	✖	「そういうわけではない」が正しい。
8	◯	
9	✖	「冗談にも程がある」が正しい。
10	◯	

Lesson ❶-7 常用漢字と固有名詞

1	✖	盛岡市が正しい。
2	◯	
3	◯	
4	✖	宇都宮市が正しい。
5	✖	甲府市が正しい。
6	✖	前橋市が正しい。
7	✖	松江市が正しい。
8	✖	岐阜市が正しい。
9	◯	
10	◯	

Lesson ❶-8 ビジネス用語と現代表記

1	◯	
2	✖	「通勤」にする。
3	✖	「毎朝」にする。
4	◯	
5	◯	
6	✖	「ごあいさつ」にする。
7	✖	「お喜び」にする。
8	✖	「なにとぞ」にする。
9	✖	「よろしく」にする。
10	◯	

Lesson ❶-9 ビジネス用語の漢字

1	◯	
2	✖	「企画部」が正しい。
3	◯	
4	◯	
5	✖	「福利厚生部」が正しい。

6	✕	「管理部」が正しい。
7	✕	「人事部」が正しい。
8	✕	「広告宣伝部」が正しい。
9	○	
10	✕	「庶務課」が正しい。

Lesson ❶ - 10　注文書

1	✕	「発信日付」は書かなければいけない。
2	✕	注文先の「会社名」「担当者名」も書く。
3	✕	「〇〇のご注文」とする。
4	○	
5	○	
6	○	
7	✕	「敬具」が正しい。
8	✕	「下記の通り」と「記」はセットで書かなければいけない。
9	✕	「箇条書き」が分かりやすい。
10	✕	「以上」の後ろに書くのが正しい。

Lesson ❶ - 11　通知文書

1	○	
2	○	
3	✕	指示の期限は守らなければならない。
4	✕	「営業担当者各位」が正しい。
5	✕	毎月ある場合,「定例」とする。
6	○	
7	✕	「資料」と書くだけでなく,「配布済み」「送付済み」「配信済み」などと書くことが丁寧である。
8	✕	「以上」のあとに追記事項を加えることはできない。
9	○	
10	✕	各担当者が確認して返信してくるので,再度メールを入れる必要はない。

Lesson ❶ - 12　案内文書

1	✕	「ご健勝のこととお喜び申し上げます」が正しい。
2	○	
3	✕	「ご愛顧を賜り」が正しい。
4	✕	「皆様方のお引き立てのたまものと」が正しい。

5	✗	「深く感謝申し上げます」が正しい。
6	○	
7	✗	「ぜひとも当館でお迎えいただきたく」が正しい。
8	○	
9	✗	「心からお待ち申し上げております」が正しい。
10	○	

Lesson ① - 13 現代仮名遣いの用い方

1	✗	「ひとりずつ」が正しい。
2	○	
3	○	
4	✗	「りゃくず」が正しい。
5	✗	「きずな」が正しい。
6	○	
7	✗	「うらづける」が正しい。
8	✗	「いれぢえ」が正しい。
9	○	
10	○	

第 2 章
表記技能2

アクセスキー　H
（大文字のエイチ）

送り仮名の付け方

送り仮名は，漢字と仮名を用いて単語を書き表す場合に，読みやすくするためその漢字に添える仮名のことです。
基本的な付け方の一覧を見て確認していきましょう。

送り仮名の基本的な付け方一覧

送り仮名の付け方には，次のようなルールがあります。

❶ 活用のある語
   例：生きる　考える　助ける　書く　補う

❷ 「か」「やか」「らか」を含む形容動詞は，その音節から送る
   例：穏やかだ　暖かだ　滑らかだ

❸ 語幹が「し」で終わる形容詞は，「し」から送る
   例：珍しい　悔しい　著しい

❹ 複合語の送り仮名
   例：申し込む　長引く　取り扱い　手渡し　早起き　立ち居振る舞い
   軽々しい

❺ その他
   例：明るい　和らぐ　及ぼす　起きる　必ず

一問一答

新送り仮名の付け方について，適当と思われるものには○を，不適当と思われるものには×をつけなさい。

解答は82ページ

- [ ] **1** たのもしい　＝　頼のもしい
- [ ] **2** よろこばしい　＝　喜こばしい
- [ ] **3** かがやかしい　＝　輝かしい
- [ ] **4** いさましい　＝　勇さましい
- [ ] **5** おしい　＝　惜しい
- [ ] **6** いちじるしい　＝　著しい
- [ ] **7** くやしい　＝　悔やしい
- [ ] **8** めずらしい　＝　珍しい
- [ ] **9** かるがるしい　＝　軽々しい
- [ ] **10** ききぐるしい　＝　聞き苦るしい

片仮名の書き方

片仮名で書くのは，主に外来語や外国の地名・人名，動植物の名前，物音などです。

片仮名の書き方

　片仮名の書き方には，日本工業標準調査会が定める日本の国家標準の一つである JIS（日本工業規格）の規格票の様式及び作成方法（規格番号：JISZ8301）によると，アルファベットをカタカナで表記する場合，「2 音の用語は長音符号を付け，3 音以上の用語の場合は長音符号を省く」というルールが定められています。

　次のようなルールがあります。

❶ 日本工業規格（JIS）の用語は「ー」をとる
　　例：「エレベータ」「センサ」「コンピュータ」「プリンタ」「クーラ」「ロッカ」
　　　　「ブザ」「モータ」「スピーカ」

❷ 外来語でも，日本語で成り立っているものは平仮名で書く
　　例：「さらさ（更紗）」「たばこ」「かっぱ（外套）」「きせる（煙管）」
　　　　「じばん / じゅばん（襦袢）」

❸ ヴァ・ヴィ・ヴ・ヴェ・ヴォ / パ・ピ・プ・ペ・ポ
　　例：「バイオリン」→「ヴァイオリン」
　　　　「ボキャブラリー」→「ヴォキャブラリー」

　外来語，外国の地名・人名などは片仮名で表記します。
　漢字やひらがなで表記できる言葉でも，あえてカタカナで表記することもあります。
　カタカナ表記することによって，文章にリズム感が生まれます。
　文章を軽快な印象にしたいときやキャッチコピーなどで使用するのに適しています。

片仮名の書き方として, 適当と思われるものには
〇を, 不適当と思われるものには×をつけなさい。

解答は82ページ

- ☐ **1** コンピュータ
- ☐ **2** ボキャブラリー
- ☐ **3** クーラ
- ☐ **4** ロッカー
- ☐ **5** スピーカー
- ☐ **6** プリンタ
- ☐ **7** センサー
- ☐ **8** バイオリン
- ☐ **9** モータ
- ☐ **10** エレベータ

読み手にやさしい文章を書く

読み手が理解しやすい文章を書くためのポイントをあげておきます。
・主語は, できるだけ文頭に置く。
・主語と述語は, 近くに書く。長い文は2つに分けることで主語と述語を近づけるとよい。
・結論を書いてから, 理由・説明を書く。
・文末を統一する。原則として「である調」で統一する。
・1行の字数は, 30〜35字にする。
・1つの文には1つの事柄だけを入れ, 文はできるだけ短くしてメリハリをつける。

数字の書き表し方

数字については, 算用数字と漢数字の書き表し方について確認しましょう。

算用数字と漢数字の書き表し方

ビジネス文書は, 左横書きです。

　原則, 数量 (日数や年数) や順序などの具体的な数字は「10人」「20個」のように算用数字を使います。

　しかし, 意味の違いを表すときは, 例外として漢数字で書きます。

■ 算用数字を用いる

数字は左書きなので, 原則算用数字を使います。

「1・2・3…」

■ 漢数字を用いる

❶ 地名・人名・会社名・建物物名・書名

例：四国／九州／三木課長／三省堂書店／三千院

❷ 数 (概数) を表す

例：二, 三日／数十名

❸ 慣用的な語

例：一般的／一部分／一語一句／第一印象／一斉閉店

❹ 「ひと」「ふた」「み」などと読むとき

例：一つ／二つ／三つ子／一休み

文書内の数字の書き方について，適当と思われるものには〇を，不適当と思われるものには×をつけなさい。

解答は82ページ

☐ **1** いつも出社は始業時間の五分前に出社する。

☐ **2** 同僚は4, 5日会社を休んでいる。

☐ **3** 私は，入社して八年になる。

☐ **4** 今年の新入社員は，九州の出身者が多い。

☐ **5** 会議は2時に始まる。

☐ **6** 今月の残業は合計6時間である。

☐ **7** 資料の作成期限まで，2, 3日しかない。

☐ **8** 一般的なあいさつ文を作成した。

☐ **9** 今年の夏季休暇は，会社は一斉休暇とするらしい。

☐ **10** 次の出張は，四国に行く。

☐ **11** 小数点以下は，4捨5入する。

第2章 表記技能2

難易度の高い 読み方①

ビジネス文書で使う言葉には読み方の難易度が高いものがあります。
確認して読み書きできるようにしましょう。

	漢字	読み方
い	委任状	いにんじょう
	異論	いろん
う	右往左往	うおうさおう
え	会釈	えしゃく
	円滑	えんかつ
か	画期的	かっきてき
	過渡期	かとき
	冠婚葬祭	かんこんそうさい
き	休憩	きゅうけい
け	慶弔	けいちょう
	迎合	げいごう
	懸念	けねん
	顕著	けんちょ
こ	恒例	こうれい
し	示唆	しさ
	所期の目的	しょきのもくてき
	慎重	しんちょう
	成就	じょうじゅ
	新機軸	しんきじく
	審議	しんぎ
す	遂行	すいこう
	出納	すいとう

せ	是正	ぜせい
	是々非々	ぜぜひひ
そ	措置	そち
た	打開策	だかいさく
	妥協	だきょう
は	万全	ばんぜん
	暴露	ばくろ
	凡例	はんれい
ふ	赴任	ふにん
ほ	暴落	ぼうらく
	発起人	ほっきにん
	発足	ほっそく
む	矛盾	むじゅん

第2章 表記技能2

一問一答

漢字の読み方について，適当と思われるものには○を，不適当と思われるものには×をつけなさい。

解答は83ページ

- [ ] **1** 打開策 ＝ だかいさく
- [ ] **2** 凡例 ＝ ぼんれい
- [ ] **3** 赴任 ＝ ふにん
- [ ] **4** 示唆 ＝ しき
- [ ] **5** 成就 ＝ せいじゅ
- [ ] **6** 遂行 ＝ たいこう
- [ ] **7** 出納 ＝ すいとう
- [ ] **8** 是正 ＝ ぜっしょう
- [ ] **9** 暴露 ＝ ぼうろ
- [ ] **10** 審議 ＝ しんぎ

難易度の高い読み方②

日常生活ではあまり使われない漢字ですが、
読み書きできるように覚えましょう。

	漢字	読み方
あ	哀悼の微意を表す	あいとうのびい
い	委員を委嘱される	いしょく
お	悪寒がする	おかんがする
き	内容を吟味する	ぎんみ
し	意見の衝突	しょうとつ
	将来を嘱望される	しょくぼう
せ	折衷案	せっちゅう
こ	更迭人事	こうてつ
	口頭試問	こうとうしもん
せ	千載一遇のチャンス	せんざいいちぐう
	業者と折衝する	せっしょう
そ	貸し借りを相殺する	そうさい（そうさつ）
こ	懇談会を開く	こんだんかい
さ	早急に検討する	さっきゅう
し	事後承諾を取る	じごしょうだく
	自業自得	じごうじとく
	示唆を与える	しさ
	信用の失墜	しっつい
	疾病	しっぺい
	目標が成就する	じょうじゅ
	周到な準備	しゅうとう
	仕事に精進する	しょうじん

は	文書の廃棄	はいき
	発祥の地	はっしょう
ひ	卑近な例	ひきん
ふ	不謹慎な態度	ふきんしん
	単身赴任	ふにん
	扶養控除	ふようこうじょ
	会議が紛糾する	ふんきゅう
ほ	自由奔放	ほんぽう
ゆ	優柔不断な態度	ゆうじゅうふだん
	由緒を尋ねる	ゆうしょ（ゆいしょ）
	一刻の猶予もならない	ゆうよ
り	流言飛語	りゅうげんひご
る	広く流布しているうわさ	るふ

一問一答

漢字の読み方について，適当と思われるものには
○を，不適当と思われるものには×をつけなさい。

解答は83ページ

- □ **1** 優柔不断 ＝ ゆうなんふだん
- □ **2** 扶養控除 ＝ ふようこうじょ
- □ **3** 自由奔放 ＝ じゆうそうほう
- □ **4** 由緒を尋ねる ＝ ゆうしょをたずねる
- □ **5** 一刻の猶予もない ＝ いっこくのそうよもない
- □ **6** 更迭人事 ＝ こうそうじんじ
- □ **7** 業者と折衝する ＝ ぎょうしゃとせっしょうする
- □ **8** 取引先からの相殺依頼をうける ＝ そうさいいらい
- □ **9** 千載一遇のチャンス ＝ せんそういちぐう
- □ **10** 折衷案 ＝ せっしょうあん

句読点の付け方

句読点（区切り符号）は，句点「。」と読点「，」のことです。
意味のかかわり具合をはっきりさせるために使います。
句読点を使うことで，読みやすくなり，意味を正確に伝えることができます。

句読点の付け方

■ 句点

句点「丸（。）」は，一つの文を完全に言い切ったところに付けます。

■ 読点

読点「コンマ（，）・テン（、）」は文の中で言葉の切れと続きをはっきりさせるために付けます。

基準は次になります。

❶ 主題の語の後ろ

　　例：当社は，来年には移転する。

❷ 文の最初の接続の言葉の後ろ

　　例：ついては，確認後ご返答いたします。

❸ 条件や仮定などを表す語句の後ろ

　　例：台風のため，電車が運休している。

❹ 時や場所などの後ろ

　　例：本日，本社でお待ちしています。

❺ 対等に並んだ語句が長い場合

　　例：製造を担当する製造部と，販売を担当する営業部がある。

❻ 語句を並べる場合

　　例：総務部，人事部，営業部がある。

❼ 意味を正しく伝えるために

　　例：部長は，課長の報告を待っていた。

❽ その他

　　「もちろん」「もしも」「なぜ」などの語の後ろに打つ。

一問一答

「読点」の付け方について，適当と思われるものには○を，不適当と思われるものには×をつけなさい。

解答は83ページ

- □ 1 主題の語の後ろに付ける。
- □ 2 文の最後の接続の言葉の後ろに付ける。
- □ 3 条件や仮定などを表す語句の前に付ける。
- □ 4 時や場所などの後ろに付ける。
- □ 5 対等に並んだ語句が長いとき，その最後に付ける。
- □ 6 語句を並べたときに付ける。
- □ 7 意味を正しく伝えるために付ける。
- □ 8 「もしも」の前に付ける。
- □ 9 「なぜ」の後ろに付ける。
- □ 10 「もちろん」の後ろに付ける。

第2章 表記技能2

書き誤りやすい用語

よく見る書き誤りやすい用語についても見直しましょう。

書き誤りやすい用語一覧

	正	読み方	誤
い	遺失物	いしつぶつ	遣失物
う	請け負う	うけおう	受け負う
お	往々にして	おうおうにして	応々にして
	陥る	おちいる	落ち入る
か	過小評価	かしょうひょうか	過少評価
	歓迎会	かんげいかい	観迎会
き	危機一髪	ききいっぱつ	危機一発
こ	講義	こうぎ	講議
し	純真	じゅんしん	純心
	所要時間	しょようじかん	所用時間
せ	成績	せいせき	成積
	絶対	ぜったい	絶体
	善後策	ぜんごさく	前後策
	専門知識	せんもんちしき	専問知識

た	大義名分	たいぎめいぶん	大儀名文
	待遇	たいぐう	待偶
	端的	たんてき	単的
て	抵抗する	ていこうする	低抗する
は	派遣社員	はけんしゃいん	派遺社員
ふ	紛失	ふんしつ	粉失

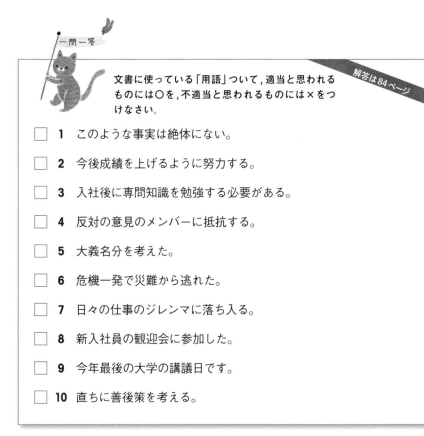

一問一答

文書に使っている「用語」ついて，適当と思われるものには〇を，不適当と思われるものには×をつけなさい。

解答は84ページ

- ☐ **1** このような事実は絶体にない。
- ☐ **2** 今後成績を上げるように努力する。
- ☐ **3** 入社後に専問知識を勉強する必要がある。
- ☐ **4** 反対の意見のメンバーに抵抗する。
- ☐ **5** 大義名分を考えた。
- ☐ **6** 危機一発で災難から逃れた。
- ☐ **7** 日々の仕事のジレンマに落ち入る。
- ☐ **8** 新入社員の観迎会に参加した。
- ☐ **9** 今年最後の大学の講議日です。
- ☐ **10** 直ちに善後策を考える。

Lesson ❷-8
同音異義語

同音異義語とは，読み方は同じでも意味の違う言葉（漢語）のことです。
基本的な語の使い分けができるように学んでいきましょう。

同音異義語一覧

いし	意志	意向
	意思	気持ち
いどう	移動	位置を変えること
	異動	地位や職位などが変わること
	異同	異なっていること
かいてい	改訂	書物などの内容を改める
	改定	それまで定まっていたものを改める
かいとう	回答	返事
	解答	問題に答えること
きせい	規制	物事の決まり
	規正	規則に従って正すこと
けっさい	決済	売買取引を済ませること
	決裁	事柄の可否を決めること
こうこく	広告	一般の人に宣伝すること
	公告	官庁等が，一般に人に知らせること
じき	時期	区切られた時や期間のこと
	時季	行う季節・シーズン
	時機	機会。タイミング
せいさん	清算	貸し借りを計算して，決まりをつけること
	精算	細かく金銭などを計算し直すこと
	成算	成功の見込み

たいせい	体勢	姿勢
	体制	システム。組織されている状態
	態勢	ポーズ。身構え
ほしょう	保障	立場や権利などを守ること
	保証	請け負うこと
	補償	損害を金銭などで埋め合わせること
ようけん	要件	大切な用事。必要な条件
	用件	伝えたりしなければならないこと

一問一答

「イギ」を漢字で書く場合の使い方について適当
と思われるものには○を，不適当と思われるもの
には×をつけなさい。

解答は84ページ

- [ ] **1** 選挙演説に，異義を唱える人がいた。
- [ ] **2** 式場へは，威儀を正して行くように言われた。
- [ ] **3** 会議で意義なしの声があった。
- [ ] **4** 歴史的に威儀のある仕事です。
- [ ] **5** 同音異義と四文熟語がある。
- [ ] **6** 同じ部署の人たちから，異議が出なかった。
- [ ] **7** 上司に異議を言った。
- [ ] **8** 意義から，その人を信頼した。
- [ ] **9** 会社経営に意義を唱えた。
- [ ] **10** 新入社員に異議のある仕事について話した。

Lesson ❷-9

異字同訓語

異字同訓語とは，同じ読み方でも，字の違う言葉（和語）のことです。
一覧を確認して基本的な使い分けができるようにしましょう。

異字同訓語一覧

あう	会う	人が出会うこと
	遭う	不意に出会うこと
	合う	合致すること
あつい	暑い	体で感じる温度が高いこと⇔寒い
	熱い	温度が高いこと⇔冷たい
	厚い	厚みがあること⇔薄い
あらわす	表す	言葉，表情で示すこと　　例：表現
	現す	隠れていたものが出てくる　　例：出現
	著す	本などを世にだすこと　　例：著作
おさめる	収める	しかるべき状態にすること　　例：収容
	修める	自分を高めるために努力をすること　　例：修養
	治める	トラブルが起こらないようにうまく処理すること
	納める	入れるべき所に入れること　　例：納付
きく	聞く	声，音を耳でとらえること
	聴く	意識的に注意して聴くこと
	効く	効能が現れること　　例：効果
	利く	その働きが十分に発揮されること　例：機転が利く
こえる	越える	基準点を通り過ぎること　　例：権限を越える
	超える	基準の上に出ること　　例：超過
さがす	探す	欲しいものを見つけ出すこと　　例：家を探す
	捜す	見えなくなった物を見つけ出すこと　　例：捜査

たえる	堪える	対処できること
	耐える	我慢, 辛抱すること
つとめる	努める	努力
	勤める	勤務
	務める	任務

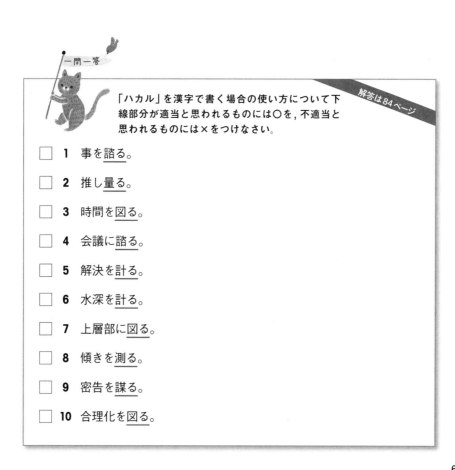

一問一答

「ハカル」を漢字で書く場合の使い方について下線部分が適当と思われるものには〇を, 不適当と思われるものには×をつけなさい。

解答は84ページ

☐ 1 事を諮る。

☐ 2 推し量る。

☐ 3 時間を図る。

☐ 4 会議に諮る。

☐ 5 解決を計る。

☐ 6 水深を計る。

☐ 7 上層部に図る。

☐ 8 傾きを測る。

☐ 9 密告を謀る。

☐ 10 合理化を図る。

慣用の手紙用語

ビジネス文書で大切なことは慣用語句を書けることです。
社内・社外文書でよく使われている言葉を使えるようにしましょう。

慣用語一覧

- 拝啓　時下ますますご清祥のこととお喜び申し上げます。
- (会社あて) ますますご発展 (ご隆盛) のこととお喜び申し上げます。
- (個人あて) ますますご健勝 (ご清祥) のこととお喜び申し上げます。
- ご査収ください。
- ご笑納いただければ幸いに存じます。
- 万障お繰り合わせの上，ご出席くださるようお願い申し上げます。
- 旧に倍するご指導のほど，お願い申し上げます。
- 他事ながら，ご放念ください。
- ご引見のほど，よろしくお願い申し上げます。
- 貴重な資料までご恵与賜りまして，ありがとうございます。
- 結構な品をご恵贈くださいましてありがとうございました。
- 鋭意努力いたす所存でございます。
- 平素は格別のご懇情を賜り，誠にありがとうございます。
- ご出席いただければ幸甚に存じます。
- まずは，略儀ながら書中をもって，ごあいさつ申し上げます。
- まずは，取り急ぎご通知申し上げます。

漢字の読み方について下線部分が適当と思われるものには○を，不適当と思われるものには×をつけなさい。（問題は礼状の一部）

解答は85ページ

貴社ますますご隆盛のこととお喜び申し上げます。平素は一方
　1　　　　　　　2　　　　　　　　　　　　　　　　　3　　　4
ならぬご愛顧にあずかり，厚く御礼申し上げます。
　　　　5

　さて，先般，開催いたしました当社製品「ＫＰ10」の展示会に際
　　　　6
しまして，ご多忙中にもかかわらずご来場を賜り，誠にありがとう
　　　　　　7　　　　　　　　　　　　　　　　8
ございました。

　今後も，社員一同，皆様のご期待にお応えできるよう，鋭意努力
　　　　　　　　　　　　　　　　　　　　　　　　　　9
いたす所存でございますので，なにとぞ一層のご支援を賜ります
　　　10
ようお願い申し上げます。

　まずは，御礼かたがたお願い申します。

- [ ] 1　きしゃ
- [ ] 2　たかせい
- [ ] 3　へいそ
- [ ] 4　いっぽう
- [ ] 5　あいそ
- [ ] 6　さきはん
- [ ] 7　たぼうちゅう
- [ ] 8　うけたまわり
- [ ] 9　えつい
- [ ] 10　ところぞん

Lesson ❷-11
横書き通信文の構成

ビジネス文書は,「書式」という, どのようなことをどの位置に書くかが決められています。
この書式 (レイアウト) を覚えて, 問題に進みます。

横書き社内文書の例

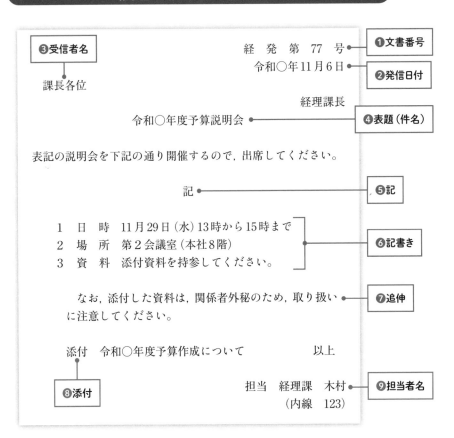

❸受信者名

経 発 第 77 号 ← ❶文書番号
令和○年11月6日 ← ❷発信日付

課長各位

経理課長

令和○年度予算説明会 ← ❹表題 (件名)

表記の説明会を下記の通り開催するので, 出席してください。

記 ← ❺記

1　日　時　11月29日 (水) 13時から15時まで
2　場　所　第2会議室 (本社8階)　← ❻記書き
3　資　料　添付資料を持参してください。

　なお, 添付した資料は, 関係者外秘のため, 取り扱い ← ❼追伸
に注意してください。

添付　令和○年度予算作成について　　　　　以上

❽添付

担当　経理課　木村 ← ❾担当者名
(内線　123)

横書き社内文書のポイント

① 文書番号：付けない場合もある
② 発信日付：元号または, 西暦
③ 受信者名：あて先によって敬称を使い分ける
④ 表題（件名）：端的に書く
⑤ 「記」：中央に書く
⑥ 記書き：番号を付けて, 箇条書き
⑦ 追伸：「なお」から書く
⑧ 添付：2通以上のときは番号を付ける
⑨ 担当者名：問い合わせ用なので内線番号を書く

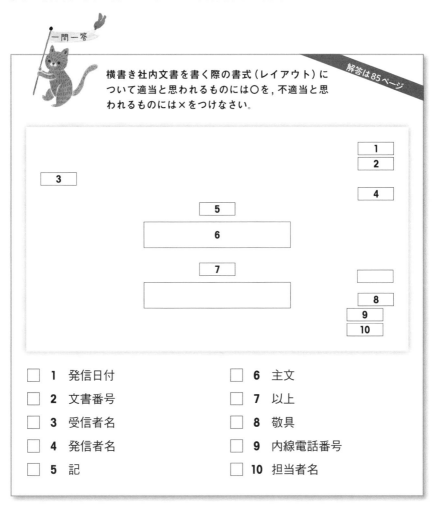

一問一答

横書き社内文書を書く際の書式（レイアウト）について適当と思われるものには〇を, 不適当と思われるものには×をつけなさい。

解答は85ページ

☐ 1 発信日付
☐ 2 文書番号
☐ 3 受信者名
☐ 4 発信者名
☐ 5 記
☐ 6 主文
☐ 7 以上
☐ 8 敬具
☐ 9 内線電話番号
☐ 10 担当者名

Lesson ❷-12

縦書き通信文の構成

横書き通信文の構成と同じく，
「発信者名や受信者名，発信日付」などの位置関係を理解しておきます。

縦書き社交文書の例

❶ 頭語

拝啓　初冬の候、ますますご隆盛のこととお喜び申し上げます。

❷「」

さて、このたび当社では、ITソリューション部門を独立させ、新会社株式会社アイアールを発足させることといたしました。これに伴い、新会社の代表取締役社長には、当社専務取締役　川岡慎吾を就任させましたので、なにとぞご高承の上、当社同様ご支援ご高配を賜りたく、お願い申し上げます。

つきましては、新会社設立披露の小宴を、左記の通り開催いたしたいと存じますので、ご多忙中誠に恐れ入りますが、ぜひともご来臨の栄を賜りますよう、お願い申し上げます。

まずは、略儀ながら書中をもってご案内申し上げます。

敬具

❸ 表題を書かない

❹ 記

記

一　日　時　令和○年十一月二十五日（土）

一　場　所　ホテルグランド（地図同封）

❺ 漢数字を用いる

令和○年十一月一日

株式会社ビジネス
田中　健之様

株式会社ITコーポレーション
代表取締役社長　村井　雅俊

なお、お手数ではございますが、ご出欠の有無を、同封のはがきで十一月十五日までにお知らせくださるよう、お願いいたします。また、お越しの際、本状の封筒を受付にお示しください。

70

縦書き社交文書のポイント

❶ 本文は，頭語は「拝啓」。格式高い場合は「謹啓」
❷ 縦書きの読点は「、」にする。句読点を省く場合もある
❸ 社交文書は表題を書かない
❹「記」は中央に書く
❺ 発信日付は，縦書きの場合，日付などの数字は漢数字で書く

一問一答

社交文書を縦書きで書く際のレイアウトについて
適当と思われるものには○を，不適当と思われる
ものには×をつけなさい。

解答は85ページ

[1]　初冬の候、ますますご [2] のこととお喜び申し上げます。

[3]、このたび当社では、ITソリューション部門を独立させ、新会社株式会社アイアールを発足させることといたしました。これに伴い、新会社の代表取締役社長には、当社専務取締役　川岡慎吾を就任させましたので、なにとぞご高承の上、当社同様ご支援ご高配を賜りたく、お願い申し上げます。

[4]、新会社設立披露の小宴を、左記の通り開催いたしたいと存じますので、ご多忙中誠に恐れ入りますが、ぜひともご [5] の [6] を賜りますよう、お願い申し上げます。

[7]、[8] ながら [9] をもってご案内申し上げます。

敬具

[10]

一　日　時　令和○年十一月二十五日（土）
一　場　所　ホテルグランド　（地図同封）

	1	拝復		6	節
	2	健勝		7	まずは
	3	さて		8	簡単
	4	まずは		9	書中
	5	来臨		10	記

公印の押し方

ここでは印の呼び方とその用途，押印の仕方を覚えましょう。

印の呼び方とその用途

印の名称	印の説明
契印	2枚以上にわたる書類のつながりが正しいことを証明するために，書類のつなぎ目や綴じ目に押す印鑑のこと
実印	区役所などに登録してある印鑑で，本人が直接，かかわっていることを証明するために押す印
捨て印	必要個所以外に，訂正などの場合を考え，あらかじめ欄外などに押す印
割り印	2枚以上続いている書類に，それが一続きのものである証拠として押す印
消印	収入印紙を貼ったとき，その収入印紙のへりに掛けて押す印

公印の種類

代表者印	会社設立時に登録した重要な印のこと。「〇〇株式会社取締役之印」
組織印	社印・部印・課印などのこと。社印は「〇〇株式会社之印」
職印	部長印・課長印などのこと
専用印	特定の用途に使う。請求書用・領収書用などがある

押印関係の用語

印鑑	「はんこ」そのもの。また，「登録した印影」のこと
印影	「はんこ」のことではなく，その押された跡のこと
印章	「はんこ」そのもののこと

押印の位置（仕方）

社印だけのとき	例 株式会社東京インフォメーション （印）
社印と職印のとき	例 株式会社東京イ（印）フォメーション 代表取締役社長　中村　豪志
職印か 個人印のとき	例 営業部長　木村　竜一 （印）

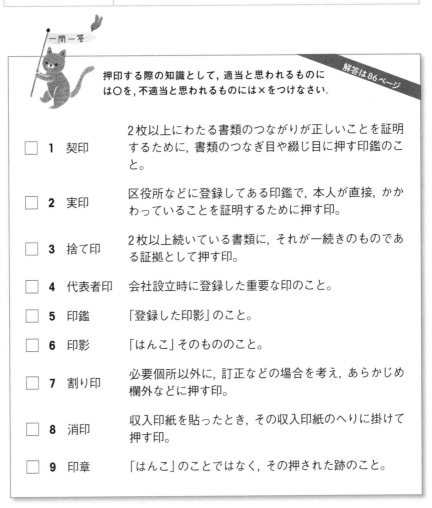

一問一答

押印する際の知識として，適当と思われるものには○を，不適当と思われるものには×をつけなさい。

解答は86ページ

☐ **1　契印**　2枚以上にわたる書類のつながりが正しいことを証明するために，書類のつなぎ目や綴じ目に押す印鑑のこと。

☐ **2　実印**　区役所などに登録してある印鑑で，本人が直接，かかわっていることを証明するために押す印。

☐ **3　捨て印**　2枚以上続いている書類に，それが一続きのものである証拠として押す印。

☐ **4　代表者印**　会社設立時に登録した重要な印のこと。

☐ **5　印鑑**　「登録した印影」のこと。

☐ **6　印影**　「はんこ」そのもののこと。

☐ **7　割り印**　必要個所以外に，訂正などの場合を考え，あらかじめ欄外などに押す印。

☐ **8　消印**　収入印紙を貼ったとき，その収入印紙のへりに掛けて押す印。

☐ **9　印章**　「はんこ」のことではなく，その押された跡のこと。

表記技能

❶ 下の枠内の片仮名文を，次の書き方で漢字仮名交じりの文章にしなさい。

① 楷書で丁寧に書きなさい。

② 句点（。）と読点（,）を打ち，必要な改行をしなさい。

　サテ　ホンジツ　3ガツブンノ　セイキュウショヲ　ドウフウ
イタシマシタ　ノデ　ゴカクニンノ　ウエ　トウシャ
ギンコウコウザヘ　ゴソウキン　クダサイマスヨウ　オネガイ
イタシマス　コンゴトモ　オヒキタテノ　ホド　ヨロシク
オネガイ　モウシアゲマス

---

❷「解答」と「回答」は意味が違うため使い分けが必要です。下線部分の中で，「カイトウ」の用い方が不適当なものはどれか。次の（語）と（意味）を参考にして一つ選び，番号で答えなさい。
（語）　　　（意味）
「解答」…問題の答え
「回答」…返事

1）　解答を迫られる

2）　アンケートの解答

3）　問い合わせへの回答

4）　検定試験の解答

5）　文書で回答する

❸「拝啓」という頭語は,「謹んで申し上げます」という意味です。
では, 同じ頭語の「前略」はどのような意味か, 次の中から適当
と思われるものを一つ選び, 番号を答えなさい。

1) 重要な用件を申し上げます。

2) あいさつは省かせていただきます。

3) いつも大変お世話になっております。

4) 緊急の用件を申し上げます。

5) 謹んで返信を申し上げます。

❹ 次の文章の下線部分は何と読むか, 平仮名で答えなさい。

> さて, 私儀, このたび福岡支店勤務を命じられ, 過日着任いたしまし
> 1)　　　　　　　　　　　　　　　　　　　　　2)
> た。昨今の経済情勢は誠に厳しいものがございますが, 及ばずなが
> 3)
> ら新任務に精励いたす所存でございます。なにとぞ前任者同様のご
> 4)
> 指導ご教示を賜りますよう, 衷心よりお願い申し上げます。
> 5)

⑤ 次の各文の下線部分を漢字で書くと「門」になるものを二つ選び番号で答えなさい。

1) 難モンが山積する。

2) 部下をモン責する。

3) 取引先を訪モンする。

4) 専モン知識を身に付ける。

5) モン戸を開く。

6) 押しモン答する。

⑥ 次の1) 〜5) は会社で使われる部署の名称です。それぞれの片仮名部分を漢字で答えなさい。

1) ショム部

2) センデン課

3) セイゾウ部

4) ジンジ部

5) ケイリ部

❼ 次の各文の下線部分を仮名で書く場合の仮名遣いが適切と思われるものを選び，番号で答えなさい。

1) 図解入りの報告書。
   （① ずかい　　② づかい）

2) S社との差を縮めた。
   （① ちぢ　　② ちじ）

3) 郵便小包を受け取る。
   （① こずつみ　　② こづつみ）

4) 適切な言葉遣い。
   （① ずか　　② づか）

5) 地面に横たわる。
   （① じめん　　② ぢめん）

❽ 次の各文の下線部分は，aとbのどちらの漢字にするのが良いか。それぞれ適当と思われるものを記号で答えなさい。

1) 事態のシュウシュウを図る。
   （a 収拾　　b 収集）

2) 新年度のショシンを表明する。
   （a 所信　　b 初心）

3) 福利コウセイの費用を計上する。
   （a 更生　　b 厚生）

4) 工場のソウギョウ時間を短縮する。
   （a 操業　　b 創業）

5) 責任をツイキュウする。
   （a 追及　　b 追究）

6) ショヨウのため，欠席する。
   （a 所要　　b 所用）

表記技能

❶ 次は，新入社員研修において社内講師が言ったことである。この中の下線部分を漢字で書きなさい。

1) 部門ごとの業務ブンショウを確認してください。

2) 次にケイチョウキンの支給について説明します。

3) このように買掛金をソウサイすることがあります。

4) 社員にはシュヒギムがあります。

5) シャゼの言わんとすることを理解してください。

❷ 次の各文の中で，下線部分の送り仮名が適当なものはどれか。一つ選び，番号で答えなさい。

1) ジレンマに陥いる。(オチイル)

2) 仕事の妨げ (サマタゲ) になる。

3) 著名人が名を連らねる (ツラネル)。

4) 私語を慎しむ (ツツシム)。

5) 経費を抑さえる (オサエル)。

❸ 次は時候を示す言葉とその言葉を使う月の組み合わせです。①下線部分を漢字で書きなさい。②（　　）部分は，それぞれ大体何月になるか，数字で答えなさい。

1) <u>サイバン</u>の候　＝　（　　）月

2) <u>ソウコウ</u>の候　＝　（　　）月

3) <u>ヨカン</u>の候　＝　（　　）月

❹ 次の各文の（　　）内は，その上の下線部分の意味です。この（　　）内の意味に従って，下線部分の□内に該当する語を書き入れなさい。

1) <u>事情ご□□の上</u>，ご容赦くださるようお願いいたします。
（事情を察して）

2) <u>これを□に社員□□</u>，さらに精励いたす所存でございます。
（これをきっかけにして社員は皆）

3) このたびは結構なお品を<u>ご□□賜り</u>，厚く御礼申し上げます。
（贈ってくれて）

4) 今後ますますのご活躍を<u>□□いたします</u>。
（祈ります）

5) <u>□□</u>は格別のご愛顧賜り，厚く御礼申し上げます。
（日ごろは）

⑤ 次の各文の下線部分の中で，①漢字の使い方が不適当と思われるものを一つ選び，番号で答えなさい。②その場合の適切な漢字を答えなさい。

1) 取引先を尋ねる。

2) 事情を尋ねる。

3) 疑問点を尋ねる。

4) 道を尋ねる。

5) 由来を尋ねる。

⑥ ①次の各文の中から，漢字の「機」を使わないもの（下線部分）を一つ選び，番号で答えなさい。

1) 万全をキする。

2) 自宅で待キする。

3) 新キ軸を打ち出す。

4) キが熱す。

5) キ転を利かす。

②①の「機」を使わないものの「キ」は次のどの漢字になるか。中から一つ選び，番号で答えなさい。

1) 企

2) 希

3) 起

4) 来

5) 期

❼ 次の礼状の下線部分（1）〜（5）を，漢字で答えなさい。

> このたびのキチ出張に際しましては，ごハンボウ中にもかかわらず，
>   1)   2)
> 格別のご高配を賜り，誠にありがたく，厚く御礼申し上げます。
>
> おかげさまでトドコオりなくショキの目的をハたすことができま
>   3)   4)   5)
> した。

❽ 次の「　　」内の説明に該当する印を何というか。下の中から適当と思われるものを一つ選び，番号で答えなさい。

「収入印紙や切手などを使用済みにするために押す印」

1) 訂正印

2) 捨て印

3) 割り印

4) 消印

5) 認め印

解答・解説

Lesson ❷ - 1　送り仮名の付け方

1	✖	「頼もしい」が正しい。
2	✖	「喜ばしい」が正しい。
3	⭕	
4	✖	「勇ましい」が正しい。
5	⭕	
6	⭕	
7	✖	「悔しい」が正しい。
8	⭕	
9	⭕	
10	✖	「聞き苦しい」が正しい。

Lesson ❷ - 2　片仮名の書き方

1	⭕	
2	✖	「ヴォキャブラリー」が正しい。
3	⭕	
4	✖	「ロッカ」が正しい。
5	✖	「スピーカ」が正しい。
6	⭕	
7	✖	「センサ」が正しい。
8	✖	「ヴァイオリン」が正しい。
9	⭕	
10	⭕	

Lesson ❷ - 3　数字の書き表し方

1	✖	「5分前」が正しい。
2	✖	「四, 五日」が正しい。
3	✖	「8年」が正しい。
4	⭕	
5	⭕	
6	⭕	
7	✖	「二, 三日」が正しい。
8	⭕	
9	⭕	

10	○	
11	✕	「四捨五入」が正しい。

Lesson ❷-4　難易度の高い読み方①

1	○	
2	✕	「はんれい」が正しい。
3	○	
4	✕	「しさ」が正しい。
5	✕	「じょうじゅ」が正しい。
6	✕	「すいこう」が正しい。
7	○	
8	✕	「ぜせい」が正しい。
9	✕	「ばくろ」が正しい。
10	○	

Lesson ❷-5　難易度の高い読み方②

1	✕	「ゆうじゅうふだん」が正しい。
2	○	
3	✕	「じゆうほんぽう」が正しい。
4	○	「ゆいしょ」の読み方もある。
5	✕	「ゆうよ」もないが正しい。
6	✕	「こうてつじんじ」が正しい。
7	○	
8	○	
9	✕	「せんざいいちぐう」が正しい。
10	✕	「せっちゅうあん」が正しい。

Lesson ❷-6　句読点の付け方

1	○	
2	✕	文の最初の接続の言葉の後ろに付ける。
3	✕	条件や仮定などを表す語句の後ろに付ける。
4	○	
5	✕	対等に並んだ語句が長いとき，その間に付ける。
6	○	
7	○	

8	✗	「もしも」の語の後ろに付ける。
9	○	
10	○	

Lesson ❷ - 7　書き誤りやすい用語

1	✗	「絶対にない」が正しい。
2	○	
3	✗	「専門知識」が正しい。
4	○	
5	○	
6	✗	「危機一髪」が正しい。
7	✗	「陥る」
8	✗	「歓迎会」が正しい。
9	✗	「講義」が正しい。
10	○	

Lesson ❷ - 8　同音異義語

1	✗	「異議」が正しい。
2	○	
3	✗	「異議」が正しい。
4	✗	「意義」が正しい。
5	○	
6	○	
7	○	
8	✗	「威儀」が正しい。
9	✗	「異議」が正しい。
10	✗	「意義」が正しい。

Lesson ❷ - 9　異字同訓語

1	✗	「謀る」が正しい。
2	○	
3	✗	「計る」が正しい。
4	○	
5	✗	「図る」が正しい。
6	✗	「測る」が正しい。

7	✕	「諮る」が正しい。
8	◯	
9	◯	
10	◯	

Lesson ②-10　慣用の手紙用語

1	◯	
2	✕	「りゅうせい」が正しい。
3	◯	
4	✕	「ひとかた」が正しい。
5	✕	「あいこ」が正しい。
6	✕	「せんばん」が正しい。
7	◯	
8	✕	「たまわり」が正しい。
9	✕	「えいい」が正しい。「鋭意」は「一生懸命励む」の意味。
10	✕	「しょぞん」が正しい。「所存」とは，「考え（つもり）」という意味。

Lesson ②-11　横書き通信文の構成

1	✕	「文書番号」が正しい。
2	✕	「発信日付」が正しい。
3	◯	
4	◯	
5	✕	「表題」が正しい。
6	◯	
7	✕	「記」が正しい。
8	✕	「以上」が正しい。
9	✕	「担当者名」が正しい。
10	✕	「内線」が正しい。

Lesson ②-12　縦書き通信文の構成

1	✕	「拝啓」または「謹啓」が正しい。
2	✕	「隆盛」が正しい。
3	◯	
4	✕	「つきましては」が正しい。
5	◯	

6	✗	「栄」が正しい。
7	○	
8	✗	「略儀」が正しい。
9	○	
10	○	

Lesson ❷ - 13 公印の押し方

1	○	
2	○	
3	✗	必要個所以外に, 訂正などの場合を考え, あらかじめ欄外などに押す印。
4	○	
5	○	
6	✗	「はんこ」のことではなく, その押された跡のこと。
7	✗	2枚以上続いている書類に, それが一続きのものである証拠として押す印。
8	○	
9	✗	「はんこ」そのもののこと。

章末問題　3級

❶　　さて，本日，3月分の請求書を同封いたしましたので，ご確認の上，当社銀行口座へご送金くださいますよう，お願いいたします。

今後ともお引き立てのほど，よろしくお願い申し上げます。

※「ご確認の上」は「ご確認のうえ」と表記しても可。

❷　2)　「回答」が正しい。

❸　2)　「前略」は，あいさつは省かせていただき，すぐに用件になることを伝える意味である。

❹　1) わたくしぎ　2) かじつ　3) さっこん　4) せいれい　5) ちゅうしん

❺　4), 5)　他は「問」

❻　1) 庶務部　2) 宣伝課　3) 製造部　4) 人事部　5) 経理部

❼　1) ①　2) ①　3) ②　4) ②　5) ①

❽
1) a　「収拾」は混乱を収めること。　b「収集」は情報を収集するときに使う。
2) a　「所信」は信じていること。　b「初心」は初めに思い立った気持ちのこと。
3) b　「厚生」は生活を豊かにすること。　a「更生」は生まれ変わること。
4) a　「操業」は機械を動かして作業をすること。　b「創業」は事業を始めること。
5) a　「追及」は人や責任を追いつめること。　b「追究」は明らかにしようとすること。
6) b　「所用」は用事のこと。　a「所要」は必要のこと。

章末問題　2級

❶　1) 分掌　2) 慶弔金　3) 相殺　4) 守秘義務　5) 社是

❷　2)　1) 陥る　3) 連ねる　4) 慎む　5) 抑える　が正しい。

❸　1) 歳晩＝12月　2) 霜降＝11月　3) 余寒＝2月

❹　1) 賢察・高察・了察　2) 機　一同　3) 恵贈　4) 祈念　5) 平素

❺　① 1)　② 訪

❻　① 1)　② 5)

❼　1) 貴地　2) 繁忙　3) 滞　4) 所期　5) 果

❽　4)

文書作成力向上のために「メモを取る」

　ビジネス文書作成には慣れが必要です。文書作成のスキル向上のために著者が日ごろ行っていることを紹介します。

　それは「メモを取ること」です。メモは，いつでも，どこでも，何でも，よいのです。移動中や勉強中，セミナーなどで気づいたこと，仕事中や散歩中に思いついたこと，読書や映画，スポーツ観戦，旅行などで得た感動もメモに残します。人と話していたときに感じたこと，夢にみたことも同様です。

　この習慣を続ける上で大切なことは，思いついたときに，すぐにその場で書くことです。走り書きでよいので，すぐに書きます。ただ，人と話をしている際に相手の前でメモを取るのは控えましょう。相手が身構えてしまうためです。話をし終えてひとりになってから，思い出せる範囲ですぐに書きます。

　そしてそのメモは必要なときに取り出せるように，1枚に1項目を書くことをお勧めします。提案書や企画書などをまとめる際に考えを整理できたり，過去のメモの思わぬところからアイデアや言葉が見つかったりすることもあります。ぜひ今日から，メモを書いてみてください。たまにそれらを見直して，不要なものを捨てると有効性はさらに増します。

第 3 章

表現技能

アクセスキー r

（小文字のアール）

Lesson ③-1

文の形式

文章を読んでいて「どこか変だな」と思う文章は「ねじれのある文」です。
これは主語と述語の関係が成り立っていない文章のことで, 読み手に負担を
掛けてしまいます。

「ねじれのある文」にしないための対策

対策は次の2点があります。

❶ 文の形式 (決まり事) を覚えておく
❷ 同じような意味の言葉 (類義語) の重複に注意する (Lesson2-2)

覚えるべき文の形式

基本的な文の形式を確認しましょう。

- おそらく (多分) ～だろう (であろう)
  文例：おそらく合格できるだろう。

- たとえ～でも (しても, だとしても)
  文例：たとえ納入時間が明日でも問題ない。

- 全然 (全く) ～ない
  文例：全然心配ない。

- 決して～ない (しない, でない, ではない)
  文例：決して成功しない。

- 断じて～ない
  文例：断じて許さない。

一問一答

文の形式を考えて，下線部分が適当と思われるものには〇を，不適当と思われるものには×をつけなさい。

解答は116ページ

- ☐ 1 <u>全然</u>話が通じ<u>ない</u>。
- ☐ 2 採決の結果，不賛成が<u>過半数</u>を超えた。
- ☐ 3 <u>おそらく</u>目標を達成できる<u>であろう</u>。
- ☐ 4 <u>多分</u>業績が良いであろう。
- ☐ 5 <u>決して</u>今回の失敗は，<u>忘れないだろう</u>。
- ☐ 6 <u>一向に</u>よくなるように<u>感じられる</u>。
- ☐ 7 転勤の<u>指示</u>を<u>命じられた</u>。
- ☐ 8 来年度の予算額は，<u>おおよそ3億円ほど</u>である。
- ☐ 9 <u>おそらく</u>組織改革のために新役員を発表したの<u>だろう</u>。
- ☐ 10 <u>必ずしも</u>悪いと<u>言える</u>。

第3章　表現技能

Lesson ③ - 2

類義語

類義語とは「機密」と「秘密」などのように，意味が似ている言葉のことです。
漢字の書き表し方と意味の違いを確認しましょう。

覚えるべき類義語一覧

類義語	意味	例文
改定	新たに取り決めること。	運賃を改定する。
改訂	書物の内容などを改め直すこと。	改訂版。
改正	法令などを改めるときに多く使われる。	法律を改正する。
姿勢	物事に取り組む心のありよう。	前向きな姿勢。
態度	表情や態度などが現れること。	あいまいな態度を取る。
選考	会議などにかけて適任者を選ぶこと。	書類による選考。
選定	多くのものの中から条件に合うものを選んで決めること。	優秀作品を選定する。
選出	選ばれる人が複数のときに使う。	役員を選出する。
裁決	物事の理非を上級者が決めること。	役員会での社長の裁決。
決裁	権限を持っている人が，部下の差し出した案の可否を書面上で決めること。	社長の決裁を仰ぐ。
採決	会議で，議案の可否を決定すること。	挙手による採決。
処遇	身分や待遇などについての取り扱いを決めること。	冷たい処遇を受ける。
待遇	地位や給与などの処遇のこと。サービス。	待遇改善を要望する。
批判	否定的な評価をする。	批判の的となる。
批評	物事の長所・短所を指摘して，その価値を論ずること。	商品を批評する。
補充	不足分を補って，元通りいっぱいにすること。	欠員を補充する。

類義語	意味	例文
補足	必要なことや不十分なところを付け足して補うこと。	補足説明。
機密	重要な秘密。	会社の機密事項。
秘密	隠し事。	秘密を漏らす。

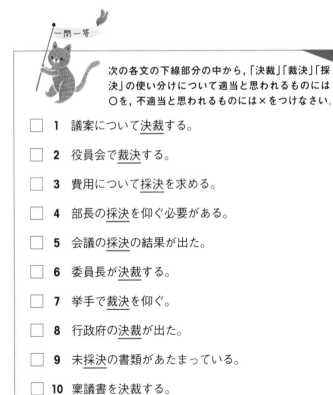

一問一答

次の各文の下線部分の中から、「決裁」「裁決」「採決」の使い分けについて適当と思われるものには○を, 不適当と思われるものには×をつけなさい。

解答は116ページ

- [ ] **1** 議案について決裁する。

- [ ] **2** 役員会で裁決する。

- [ ] **3** 費用について採決を求める。

- [ ] **4** 部長の採決を仰ぐ必要がある。

- [ ] **5** 会議の採決の結果が出た。

- [ ] **6** 委員長が決裁する。

- [ ] **7** 挙手で裁決を仰ぐ。

- [ ] **8** 行政府の決裁が出た。

- [ ] **9** 未採決の書類があたまっている。

- [ ] **10** 稟議書を決裁する。

あいまいな用語

あいまいな用語や二通りに解釈できるような語句について理解しましょう。

注意点と対策

「未満」や「以上」「超」など数量に関する言葉の意味を理解して, 問題文中での意味を考えることが正解するポイントです。

- 「未満」「超える」はその数を含まない
- 「以上」「以下」はその数を含む。「以」は金額や日にちでも「それを含む」

具体例で確認しましょう。

10万円以上	10万円を含み, それより上ということ。
10万円以下	10万円を含み, それより下ということ。
10万円未満	10万円には, 未だ満たないということ。 10万円を含まない。
10万円を超えた	10万円は含まず, それより上ということ。
5月1日以前	5月1日を含み, それより前ということ。
5月1日以降	5月1日を含み, それより後ということ。
部長はじめ3名	部長を入れて全員で3名ということ。
部長ら3名	部長を含めて全員で3名ということ。
部長ほか2名	部長のほかに2名で, 全員で3名ということ。
社員以外の入室を禁ずる。	社員は, 入室してよいということ。

数に関する書き方について適当と思われるものには○を，不適当と思われるものには×をつけなさい。

解答は116ページ

☐ **1** 10名未満とは10名までのことである。

☐ **2** 200名を超えるとは199名までのことである。

☐ **3** 50名以上は50名を含んでいる。

☐ **4** 500名以下は500名を含んでいる。

☐ **5** 101枚から200枚の場合は，101枚以上200枚未満と書く。

☐ **6** 「11月1日以降」とは，11月1日からということである。

☐ **7** 「200万円未満」とは，200万円は含むということである。

☐ **8** 「部長ほか3名」とは，全員で3名ということである。

☐ **9** 「田中課長はじめ7名」とは，全員で8名ということである。

☐ **10** 「5人以上」とは，5人を含むということである。

第3章 表現技能

表題(件名)

ビジネス文書の表題とは,表題を読めばその文書の内容がわかるようになっているものをいいます。

表題を決めるポイント

表題決めのポイントは次の3点です。

❶ 文書の趣旨をつかむ。
❷ 最終的に何を伝えたいのか,何を求めているのか,文書の最後に注目する。
❸ 適切な書き表し方が重要。

注意:直接な内容は表題にしません。

- 「督促」
- 「お断り」
- 「抗議」
- 「お断り」

文例

【例題】次の社内文書に適切な表題を考えましょう。

拝啓　平素は,当会の活動に多大のご支援をいただき,御礼申し上げます。
　さて,早速ではございますが,本日現在,貴社の令和5年度会費が,未納となっております。
　つきましては,ご多忙中誠に恐れ入りますが,お調べいただき,至急ご送金くださいますよう,お願い申し上げます。
　まずは,取り急ぎお願い申し上げます。

敬具

この場合表題は，「会費ご送金のお願い」または
　　　　　　「会費ご送金についてのお願い」になります。

一問一答

次の社内文書の表題について，適当と思われるものには○を，不適当と思われるものには×をつけなさい。

解答は117ページ

　11月1日付，H電鉄の運賃が改定されます。これに伴い，通勤定期代も改定になるので，利用者は，所属長の承認を受けた上，30日までに総務課へ「通勤費変更届」を提出してください。

☐　**1**　H電鉄運賃改定のお知らせ

☐　**2**　H電鉄ご利用の社員へ

☐　**3**　「通勤費変更届」の提出について（通知）

☐　**4**　「通勤費変更届」の提出について（至急）

☐　**5**　H電鉄ご利用各位

☐　**6**　H電鉄運賃改定は11月1日

☐　**7**　「通勤費変更届」は総務課へ

☐　**8**　「通勤費変更届」11月30日提出期限

☐　**9**　「通勤費変更届」提出のお願い

☐　**10**　H電鉄運賃改定による「通勤費変更」の連絡

箇条書き

文章を箇条書きにすると，伝えたい内容が見た目にも分かりやすくなります。

箇条書きとは

　箇条書きとは，内容を幾つかに分け，項目を立てて，一つ一つ書き並べる書き方です。

　項目を書く場合，幾つもある場合に続けて書かずに，別々に書いた方が分かりやすくなります。

箇条書きの書き表し方

❶ 箇条書きの項目を立てます。

❷ 箇条書きの項目が幾つあるのか，明確にするために番号を付けます。

❸ 文章を整理します。

　文例で「型」を覚えましょう。

　経理部門の仕事内容は，次の通りである。

1　　現金出納帳業務
2　　支払いと売掛金の管理
3　　手形・小切手の管理
4　　決算業務
5　　財務諸表の作成
6　　予算編成と管理
7　　銀行との折衝
8　　上記に関するその他の事務

一問一答

解答は117ページ

箇条書きの書き表し方として，中から適当と思われるものには〇を，不適当と思われるものには×をつけなさい。

> 総務課が担当する業務，社員の人事に関する庶務，役員の文書の受信・発信，什器・備品を管理すること。社印および社長印を保管すること，社員研修の実施および上記に関するその他の事務である。

- ☐ **1** 総務課が担当する業務は，次の通りである。
- ☐ **2** 社員の人事に関する庶務をすること。
- ☐ **3** 社員の人事に関する庶務
- ☐ **4** 役員の文書の受信・発信，什器・備品を管理すること。
- ☐ **5** 役員の文書の受信・発信
- ☐ **6** 什器・備品の管理
- ☐ **7** 社印および社長印を保管すること。
- ☐ **8** 社印および社長印の保管
- ☐ **9** 社員研修の実施
- ☐ **10** 上記に関するその他の事務

第3章　表現技能

図表

数字が多い売上金額や販売数をまとめた報告書では，図表をいれることで
非常に分かりやすくなります。

グラフ作成における注意点

グラフ選びのポイントはデータのタイトル（内容）です。

線（折れ線）グラフ

「連続的な流れ（推移）」を見るのに適している。
ポイントはタイトルの「推移」。

例：年別の売上高の推移
　　月別仕入高の推移など。

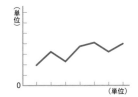

棒グラフ

「棒の長さによって，数量の大小を比較する」のに
適している。
　ポイントはタイトルの「売上高」や「比較」。

例：商品別の売上高の比較
　　支店別仕入高の比較

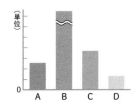

帯グラフ

「全体を構成する内訳の割合（％）を示す」のに
適している。
　ポイントはタイトルの「構成比」や「割合」。

例：令和〇年度製品別売上高の構成比

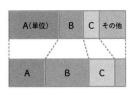

円グラフ

「内訳の比率を示す」ときに適している。
ポイントは下記の例の①と②。

例：①商品別売上高などの場合
　　　配列は，時計の12時のところから中心線を引き，大きなものから順に，

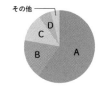

時計回りに区切っていく。ただし「その他」は大きさと関係なく，最後（左上）に置く。
②アンケート（態度調査など）の場合
配列は，内訳が「非常によい」「よい」「どちらともいえない」「よくない」「非常によくない」などの場合は，①と違い，大きさの順ではない。

共通

- グラフの表題を必ず書く。
- 線グラフの場合，縦軸に単位，横軸に時間の経過を目盛りともに書く。
- 基底「0（ゼロ）」を書く。
- 途中が空き過ぎるときは，途中を破った形（中断記号）を書く。
- 横軸に項目を書くグラフもある。

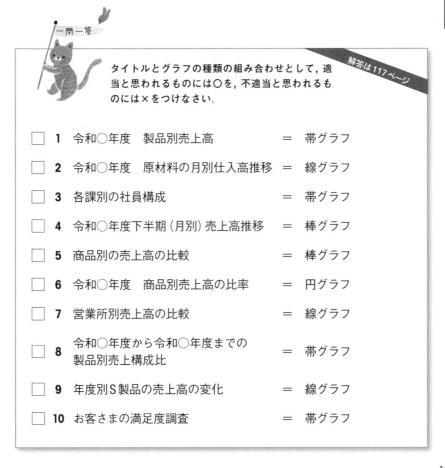

一問一答

タイトルとグラフの種類の組み合わせとして，適当と思われるものには○を，不適当と思われるものには×をつけなさい。

解答は117ページ

	1	令和○年度　製品別売上高	＝	帯グラフ
	2	令和○年度　原材料の月別仕入高推移	＝	線グラフ
	3	各課別の社員構成	＝	帯グラフ
	4	令和○年度下半期（月別）売上高推移	＝	棒グラフ
	5	商品別の売上高の比較	＝	棒グラフ
	6	令和○年度　商品別売上高の比率	＝	円グラフ
	7	営業所別売上高の比較	＝	線グラフ
	8	令和○年度から令和○年度までの製品別売上構成比	＝	帯グラフ
	9	年度別S製品の売上高の変化	＝	線グラフ
	10	お客さまの満足度調査	＝	帯グラフ

101

Lesson ❸-7

敬称

敬称は相手側に対する礼儀を重視する表現のことです。

敬称の問題への対策

　ビジネス文書では自分側のことと相手側のことを言う場合に，それぞれ異なる特別な書き方が必要な用語があります。

　正しく文書内でこれらの用語を扱えるように，下記の表を見て覚えましょう。

	自分側	相手側
会社	当社・弊社（へいしゃ）・小社・私（わたくし）ども	貴社・御社・皆様
団体	当会・当事務所	貴会・御会・貴事務所
手紙	手紙・寸書・書面	お手紙・貴簡・貴書・ご書状・ご書簡
物品	寸志・粗品	結構なお品・ご厚志・佳品
料理	粗肴（そこう）	佳肴（かこう）
場所・土地住所	当所・当地	貴地・御地
配慮	微意・薄志・微力	ご配慮・ご高配・ご尽力 ご厚情・ご厚志・ご芳情

返信の書き方

往復はがきで送られてきた招待状の返信などは，次のように書きます。

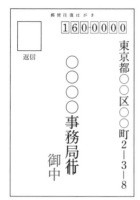

[返信用ハガキ（表）]

[返信用ハガキ（裏）]

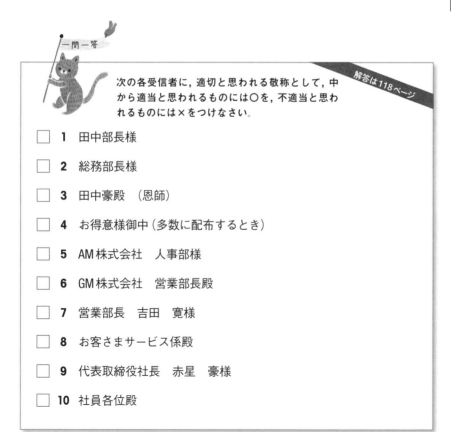

解答は118ページ

一問一答

次の各受信者に，適切と思われる敬称として，中から適当と思われるものには○を，不適当と思われるものには×をつけなさい。

- [ ] **1** 田中部長様
- [ ] **2** 総務部長様
- [ ] **3** 田中豪殿　（恩師）
- [ ] **4** お得意様御中（多数に配布するとき）
- [ ] **5** AM株式会社　人事部様
- [ ] **6** GM株式会社　営業部長殿
- [ ] **7** 営業部長　吉田　寛様
- [ ] **8** お客さまサービス係殿
- [ ] **9** 代表取締役社長　赤星　豪様
- [ ] **10** 社員各位殿

「お・ご（御）」の 付け方

言葉に「お・ご（御）」を付けるのは，相手のことや相手の行為に対して敬意を表すためです。

「お・ご」を付ける場合

❶ 尊敬の意を表す場合

例：社長のお話

❷ 相手の物事・行為を表す「お・ご」で，「あなたの」という意味になる場合

例：おかばんをお預かりいたします。
　　ご意見を承りました
　　お手紙（あなたの手紙）を拝見いたしました

❸ 自分の物事であるが，相手に対することなので「お・ご」を付けるのが慣用になっている場合

例：お電話させていただきます。
　　ご連絡いたします。

「お・ご」を付けなくてもよい場合

自分側だけの行為のときは，「お・ご」は付けません。
自分側を上げる表現になってしまうため，自分に丁寧な表現はしないようにしましょう。

例：ご参加できない

その他

わび状の一部です。

> 事情ご監察の上，なにとぞ，ご猶予くださるよう，お願い申し上げます。

- 「事情」…自分側のことには「ご」を付けません。
- 「監察」…相手が推察することを敬って言う言葉には「ご」を付けます。
- 「猶予」…相手側の行為になるので「ご」を付けます。

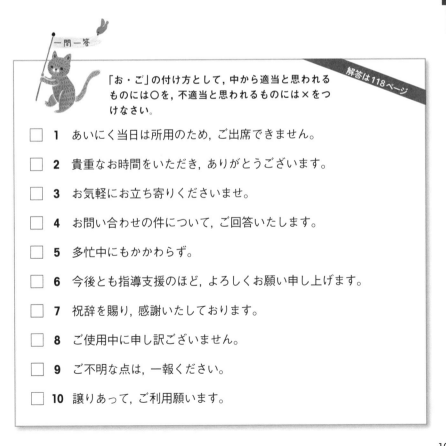

第3章 表現技能

一問一答

解答は118ページ

「お・ご」の付け方として，中から適当と思われるものには○を，不適当と思われるものには×をつけなさい。

- □ 1 あいにく当日は所用のため，ご出席できません。

- □ 2 貴重なお時間をいただき，ありがとうございます。

- □ 3 お気軽にお立ち寄りくださいませ。

- □ 4 お問い合わせの件について，ご回答いたします。

- □ 5 多忙中にもかかわらず。

- □ 6 今後とも指導支援のほど，よろしくお願い申し上げます。

- □ 7 祝辞を賜り，感謝いたしております。

- □ 8 ご使用中に申し訳ございません。

- □ 9 ご不明な点は，一報ください。

- □ 10 譲りあって，ご利用願います。

尊敬語と謙譲語

ビジネスの場で適切な敬語を使うことは，顧客や得意先，初対面の人などに対する信頼を強めるために欠かせないビジネスマナーです。ここでは基本的な尊敬語と謙譲語の表現について確認しましょう。

動作の言葉に付ける敬語

- 尊敬語…相手の動作に付けて敬意を表す。
- 謙譲語…自分の動作に付けてへりくだる。

よく使われる敬語への言い換え

	尊敬語	謙譲語
する	なさる	いたす
言う	おっしゃる	申す・申し上げる
聞く	お聞きになる	伺う・承る
見る	ご覧になる	拝見する
行く	いらっしゃる	伺う・参る
来る	いらっしゃる	参る
いる	いらっしゃる	おる
食べる	召しあがる	いただく
与える	くださる	差しあげる
訪ねる	いらっしゃる	伺う
気に入る	お気に召す	―
借りる	―	拝借する
会う	―	お目にかかる・お目もじする
見せる	―	お目にかける・ご覧に入れる

次の各文について，適当と思われるものには〇を，
不適当と思われるものには×をつけなさい。

解答は118ページ

☐ **1** 「見本品を持参のうえ，参上いたします」は謙譲語である。

☐ **2** 「新製品発表会のご案内を申し上げます」は尊敬語である。

☐ **3** 「格別のご高配を賜り，厚く御礼申し上げます」は謙譲語である。

☐ **4** 「本日は，ご多忙中のところ，お越しくださりありがとうございます」は謙譲語である。

☐ **5** 「同封の資料を，なにとぞ，ご高覧くださいますようお願いいたします」は謙譲語である。

☐ **6** 「東北支店長として栄転なさるとのこと，おめでとうございます」は謙譲語である。

☐ **7** 「お手紙，正に拝見いたしました」尊敬語である。

☐ **8** 「そちらさまからのご連絡をお待ちいたします」は尊敬語である。

☐ **9** 「会議の内容は，私からご報告いたします」は謙譲語である。

☐ **10** 「お名前は，以前から存じております」は謙譲語である。

第3章 表現技能

107

丁寧な言葉遣い

丁寧な言葉遣いと丁寧な言い回しができることは,「慣用の手紙用語」「敬称」「お・ご(御)の付け方」「尊敬語と謙譲語」を習得していることになります。

丁寧な表現

下記は普通の言い方を丁寧な言葉遣いに直したものです。
基本的なものを載せていますので, 覚えて使い慣れましょう。

- どうか ➡ なにとぞ
- 今度 ➡ このたび
- お願いします ➡ お願い申し上げます
- しました ➡ いたしました
- 案内します ➡ ご案内申し上げます
- するつもりです ➡ いたす所存でございます。
- お引き立てをしてくれるよう ➡ お引き立てを賜りますよう
- 営業してきました ➡ 営業してまいりました
- 検討して ➡ ご検討の上
- よく分からない ➡ ご不明の

次の案内状の下線部分について，適当と思われるものには〇を，不適当と思われるものには×をつけなさい

解答は119ページ

さて，こんかいは，当社製品パンフレットの請求をしてくれて，御
　　　　1　　　　　　　　　　　　　　　　　2
礼申し上げます。

すぐに，「令和5年度製品パンフレット」を送ったので，見てくれる
　3　　　　　　　　　　　　　　　　　　　4　　　　　5
よう，お願い申し上げます。

　なお，当社ホームページでは，注文を受けている。急いでいるとき
　　　　　　　　　　　　　　6　　　7　　　　8
は，ぜひとも利用してほしい，案内する。
　　　　　　　9　　　　　10

☐　**1**　このたび

☐　**2**　請求をいただき

☐　**3**　早速

☐　**4**　送らせていただきました

☐　**5**　ご拝見くださるよう

☐　**6**　ご注文

☐　**7**　いただいています

☐　**8**　お急ぎの節は

☐　**9**　ご利用くださるよう

☐　**10**　ご案内いたします。

手紙のルール

ビジネスで扱う文書の中には，見舞状など手紙の形式で書くものがあり，
その書き方が礼儀を欠いていると大変失礼な文書になります。
ルールをしっかり身につけて失礼のない文書を作成できるようにしましょう。

手紙のルール

あいさつの必要がない文書の例は，被災や病気，事故の見舞状，悔やみ状などがあります。

見舞いに対する礼状には，あいさつを省くことはしません。

注意点

- 手紙形式の書き方をする
  ❶ 手書きで文書を作成する場合は，社名入りの便せんか白色の用紙にけい線のあるものを使う。
  ❷ 発信者名と受信者名との関係は，取引先の部長あてに出すのであれば，発信者も部長名になり，逆の場合も同様です。社外文書では一担当者の名で取引先の部長あてに発信したり，社長あての照会状に対して，課長名で回答したりしてはいけない。

- 字の配置と体裁
  ❶ 相手の名前が行末に来たり，二行にわたることは避ける。
  ❷ 「お・ご（御）・貴」だけが行末に来ないようにする。
  ❸ 便せん1枚の半分くらいのときは，一行置きに書いて，全体の体裁を整える。

- 儀礼的要素の多い社交文書を手書きする場合の「文字の配置についてのしきたり」
  ❶ 相手の名前を行末に書いたり，二行にまたがって書かないようにする。
  ❷ 「私」「弊社」など，自分側のことは小さめの文字にするか，行頭に書かないようにする。
  ❸ 尊敬を表す「お・ご」や「御」「貴」などの文字を行末に書かないようにする。

- 忌み言葉（不吉なことや不愉快なことを連想させる語）を避けます。
  例：切る　燃える　傾く　つぶれる　流れる　重なる

一問一答

解答は119ページ

「取引先H社が，台風の被害を受けたことを今朝のニュースで知った。見舞金を送るので，それに添える見舞状を作成してほしい」との指示を受けた。書き出しの形式として，中から適当と思われるものには〇を，不適当と思われるものには×をつけなさい。

☐ 1 拝啓　貴社このたび台風の被害に遭われたとのこと，誠に残念でございます。

☐ 2 拝復　今朝のニュースでの御社の被害につきまして，ご愁傷さまでございます。

☐ 3 ご多用中のところ，お手数をおかけいたしますが，被害の状況をお知らせくださいませ。

☐ 4 本日のニュースで，御社の台風の被害を知りました。

☐ 5 前略　突然のお手紙を差し上げる失礼お許しください。

☐ 6 承りますれば，台風の被害を知り，お見舞い申し上げます。

☐ 7 今朝のニュースで，貴社が台風被害に遭われたと伺いました。

☐ 8 取り急ぎ用件のみ申し上げます。

☐ 9 前略　取りあえず被害のお見舞いを申し上げます。

☐ 10 謹啓　平素は格別のご愛顧を賜り，厚く御礼申し上げます。

表現技能

❶ ①の【文例】は，述語（「命じた」）が主語（「課長」）に応じていないため，分かりにくい文になっています。ただし，「命じた」を「命じられた」に訂正すると整います。このように文の一部を削除したり修正したりすることを「文を整える」といいます。では，②の【問題】の文は，どのようにすると文が整うか。下線部分を適切な言い方に訂正しなさい。

① 【文例】

課長は，部長から出張を命じた。　られた

② 【問題】

当社の研修施設は，十分には活用していない。

❷ 「連続」と「継続」は，意味が違うので使い分けが必要です。同じようなことは「連続」，以前からの状態などを続けることは「継続」と書きます。では，次の下線部分の中で，用語の用い方が不適当なものはどれか。一つ選び，番号で答えなさい。

1) 赤字が3年連続する。

2) 契約は自動的に継続される。

3) 商品が連続して好調となる。

4) 会議を継続する。

5) 連続して審議する。

❸ 工場見学の申し込みに対する回答状を, センテンスごとに分け, 順不同で並べたものです。この (   ) 内に, 順に読めば整った回答状になるよう, 番号を付けなさい。

(注) 頭語と結語は省略してあります。

(   ) さて, このたびご依頼いただきました当社工場見学の件, 承知いたしました。喜んでご協力させていただきます。

(   ) まずは, 取りあえずご返事申し上げます。

(   ) つきましては, 日時の件, 誠に勝手ながら, 6月15日 (木) の14時から16時までとさせていただきたく存じます。

(   ) 毎々格別のご愛顧を賜り, 厚く御礼申し上げます。

(   ) なお, 当日は, 広報部長の木村達夫が皆様のご案内役として, 受付でお待ちしております。何なりとお申し付けください。

❹ ビジネス文書でよく使われる文の一部です。これを適切な文にするには, 下線部分に下の (   ) 内のどの語句を入れるのがよいか, それぞれ適当と思われるものを一つ選び, 記号で答えなさい。

1) 今後とも, _____ ご用命を賜りますよう, お願いいたします。
   (a. 格別の   b. 多少にかかわらず   c. 多大の)

2) 9月1日付でご送付の見積書, 確かに _____。
   (a. ご拝見になりました   b. ご拝見させていただきました   c. 拝見いたしました)

3) お誘い合わせの上, _____, ご案内申し上げます。
   (a. ご来場くださいますよう   b. ご来場賜られますよう   c. ご来場してくださいますよう)

4) 平素は格別のお引き立てに _____, 厚く御礼申し上げます。
   (a. あずかり   b. 賜り   c. いただき)

5) 向寒の候, 貴社ますます _____ のこととお喜び申し上げます。
   (a. ご清祥   b. ご発展   c. ご健勝)

第**③**章　章末問題2級

表現技能

❶ 次の文を，下の指示に従って整えなさい。

> ビジネスマンには，思いがけない不測の事態にも冷静に対処できる判断力を<u>求めている</u>。

1) 不要な個所を，二重線（ ＝＝＝＝＝＝ ）で削除しなさい。

2) 下線部分を書き改めて，文の意味が分かるようにしなさい。

❷ 次の文章を読み，適切な表題を付けなさい。

> 　このたび発売の新製品「Ｓ７０１」は，見込み以上に好評で，対応が追いつかない状況にあります。
> 　ついては，下記の通り，営業事務アシスタントとして派遣社員を雇用してよろしいか，伺います。
>
> 　　　　　　　　　　　　　　　記
> 1　必要人員　３名
> 2　契約期間　令和5年12月21日〜令和6年1月31日（2ヵ月）
> 3　経　　費　添付の経費見積書の通り
>
> 添付　経費見積書　　1通
> 　　　　　　　　　　　　　　　　　　　　　　　　　以上

❸ 次の下線部分に該当すると思われる語を下の語群の中から選び，番号で答えなさい。

1) 欠員を_____する。

2) _____金を支給する。

3) 赤字分を_____する。

4) _____説明を行う。

5) 水分を_____する。

> 【語群】　①補足　②補充　③補給　④補助　⑤補填

❹ 次は，面会の依頼状の一部です。この中の下線部分を，丁寧な言い方に書き改めなさい。

> 　さて，突然お手紙を<u>やる</u>失礼をお許しください。私は，青海大学の
> 　　　　　　　　　　　1)
> 山下先生から<u>紹介してもらった</u>ファミリー物流の田村と申す者でご
> 　　　　　　　2)
> ざいます。
>
> 　恐れ入りますが，近日中に一度お目に掛かり，当社製品についてご
> 意見を<u>聞きたいと思う</u>。ご多忙中ご迷惑とは存じますが，30分ほどお
> 　　　　3)
> 時間をお割きいただきたくお願い申し上げます。
>
> 　なお，来週早々にでも，一度ご連絡をいたしますので，ご都合など
> お聞かせくだされば，<u>幸せに思う</u>。
> 　　　　　　　　　　4)
> 　まずは，<u>手紙</u>でお願い申し上げます。
> 　　　　　5)

解答・解説

Lesson ③ - 1　文の形式

1	○	
2	✕	「半数」が正しい。「過半数」と「超えた」は同じ意味のため。
3	○	
4	○	
5	✕	「決して」には，「忘れることはできない」となる。
6	✕	「感じられない」が正しい。「一向に」は「ない」とならなければならない。
7	✕	「の指示」は不要である。
8	✕	「おおよそ」は不要である。
9	○	
10	✕	「必ずしも悪いと言えない。」が正しい。

Lesson ③ - 2　類義語

1	✕	「採決」が正しい。
2	○	
3	✕	「決裁」が正しい。
4	✕	「決裁」が正しい。
5	○	
6	✕	「裁決」が正しい。
7	✕	「採決」が正しい。
8	✕	「裁決」が正しい。
9	✕	「未決裁」が正しい。
10	○	

Lesson ③ - 3　あいまいな用語

1	✕	「9名まで」のこと。
2	✕	200名は含まず，それよりも多いということ。
3	○	
4	○	
5	✕	「200枚以下」が正しい。
6	○	
7	✕	「200万円は含まない」が正しい。
8	✕	「全員で4名」が正しい。
9	✕	「全員で7名」が正しい。
10	○	

Lesson ❸ - 4　表題（件名）

1	✖	
2	✖	
3	⭕	
4	✖	
5	✖	
6	✖	
7	✖	
8	✖	
9	✖	
10	✖	

Lesson ❸ - 5　箇条書き

1	⭕	
2	✖	箇条書きにするため「すること」の表現はしない。
3	⭕	
4	✖	箇条書きにするため「すること」の表現はしない。
5	⭕	
6	⭕	
7	✖	箇条書きにするため「すること」の表現はしない。
8	⭕	
9	⭕	
10	⭕	

Lesson ❸ - 6　図表

1	✖	棒グラフが正しい。
2	⭕	
3	✖	棒グラフが正しい。
4	✖	線グラフが正しい。
5	⭕	
6	⭕	
7	✖	棒グラフが正しい。
8	⭕	
9	⭕	
10	✖	円グラフ

第3章

表現技能

Lesson ③-7 敬称

1	✖	名字を付けた職名のときは「殿」が正しい。
2	✖	職名のときは「殿」が正しい。
3	✖	恩師には「先生」が正しい。
4	✖	「各位」が正しい。
5	✖	部署名のときは「御中」が正しい。
6	○	
7	○	
8	✖	部署名のときは「御中」が正しい。
9	○	
10	✖	「殿」を付ける必要はない。

Lesson ③-8 「お・ご(御)」の付け方

1	✖	出席するのは相手ではないので「出席できません」が正しい。
2	○	
3	○	
4	○	
5	✖	「ご多忙中」が正しい。
6	✖	相手の行為なので「ご指導ご支援」が正しい。
7	✖	「ご祝辞」が正しい。
8	○	
9	✖	「ご一報」が正しい。
10	○	

Lesson ③-9 尊敬語と謙譲語

1	○	
2	✖	謙譲語が正しい。
3	✖	尊敬語が正しい。
4	✖	尊敬語が正しい。
5	✖	尊敬語が正しい。
6	✖	尊敬語が正しい。
7	✖	謙譲語が正しい。
8	✖	謙譲語が正しい。
9	○	
10	○	

Lesson ③ - 10　丁寧な言葉遣い

1	◯	
2	✕	「ご請求を賜り」が正しい。
3	◯	
4	✕	「お送りいたしました」が正しい。
5	✕	「ご高覧くださるよう」が正しい。
6	◯	
7	✕	「承っております」が正しい。
8	◯	
9	◯	
10	◯	

Lesson ③ - 11　手紙のルール

1	✕	頭語は不要
2	✕	頭語は不要
3	✕	先方が大変な状況の時には，状況をお知らせくださいませと，書いてはいけない。
4	◯	
5	✕	頭語は不要
6	◯	
7	◯	
8	✕	お見舞いの言葉がない。
9	✕	頭語は不要
10	✕	頭語は不要

第3章

表現技能

❶
<small>されて</small>
当社の研修施設は，十分に活用<u>して</u>いない。

❷ 5)「継続」が正しい。

❸ 2 → 5 → 3 → 1 → 4

❹ 1)b　2)c　3)a　4)a　5)b

❶ ビジネスマンには，~~思いがけない~~不測の事態にも冷静に対処できる判断力
を<u>求めている。</u>　が求められている

❷ 派遣社員の雇用について (伺い) または派遣社員の雇用について (稟議)

❸ 1)②　2)④　3)⑤　4)①　5)③

❹
1) 差し上げる
2) ご紹介いただいた
3) 拝聴いたしたい (お聞きいたしたい) と存じます
4) 幸いに存じます
5) 書中をもって (書面にて)

実務技能

アクセスキー **S**

（大文字のエス）

ビジネス文書の種類と分類

ビジネス文書は，社内文書，社外文書，社交文書に分類されます。
それぞれどのようなものがあるか確認していきましょう。

ビジネス文書の種類と分類

- 社内文書

通知文書	届け出
案内文書	稟議書
依頼文書	議事録
紹介文書	規定
報告書	

- 社外文書

社外通信文書（営業・商用に関する文書）

照会状（問い合わせ）	抗議状
通知状	反論状
案内状	わび状
注文状	断り状
依頼状	承諾状
督促状	礼状
苦情状	

- ● 社交文書（儀礼に関する文書）

招待状	見舞状
あいさつ状	悔やみ状
季節のあいさつ状	礼状
案内状	紹介状
祝い状	

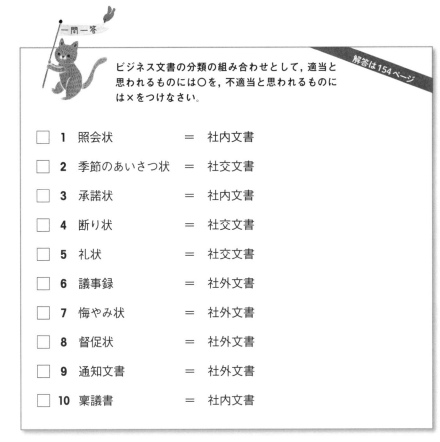

一問一答

ビジネス文書の分類の組み合わせとして，適当と思われるものには○を，不適当と思われるものには×をつけなさい。

解答は154ページ

☐	**1**	照会状	＝ 社内文書
☐	**2**	季節のあいさつ状	＝ 社交文書
☐	**3**	承諾状	＝ 社内文書
☐	**4**	断り状	＝ 社交文書
☐	**5**	礼状	＝ 社交文書
☐	**6**	議事録	＝ 社外文書
☐	**7**	悔やみ状	＝ 社外文書
☐	**8**	督促状	＝ 社外文書
☐	**9**	通知文書	＝ 社外文書
☐	**10**	稟議書	＝ 社内文書

通知文

社内文書の代表的な「通知文」を書けるように，社内通知文の文例の形式
や表現を確認しましょう。

通知文の文例

次は営業部長が作成した営業課ミーティング開催の社内通知文の文例です。

令和○年11月1日

営業課員各位

営業部長

営業課ミーティングの開催通知

11月度の営業課ミーティングを，下記の通り開催するので，出席
してください。

記
1　日　時　　11月27日（月）14時から15時まで
2　場　所　　第1会議室

添付　10月度売上表

以上

通知文作成のポイント

- **社外文書ほど丁寧に書かなくてよい。**
  例：「開催します」→「開催する」で良い。

- **前付け**
  発信日付，受信者名，発信者名，表題を書く。

- **表題**
  「問題」の内容の通りに書く。
- **主文**
  主文と記書きに分けて書く。
- **記書き**
  「日時」「場所」と箇条書きにする。
- **後付け**
  「添付」として「10月度売上表」とし，「10月度売上の表」とはしない。
  「以上」を書く。

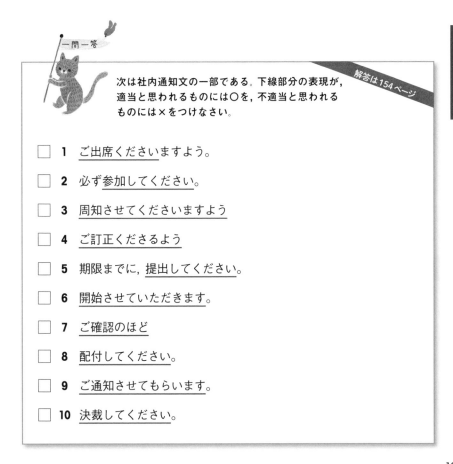

一問一答

次は社内通知文の一部である。下線部分の表現が，適当と思われるものには〇を，不適当と思われるものには×をつけなさい。

解答は154ページ

- **1** ご出席<u>くださいますよう</u>。

- **2** 必ず<u>参加してください</u>。

- **3** 周知<u>させてくださいますよう</u>

- **4** ご訂正<u>くださるよう</u>

- **5** 期限までに，<u>提出してください</u>。

- **6** <u>開始させていただきます</u>。

- **7** ご確認<u>のほど</u>

- **8** <u>配付してください</u>。

- **9** ご通知<u>させてもらいます</u>。

- **10** <u>決裁してください</u>。

社内文書①（稟議書・規定）

稟議書とは，管理者に伺い出て，例えば購入希望の機器がある場合に
その決裁を受けるための文書のことです。
稟議書作成のポイントを確認しましょう。

稟議書の文例

学生アルバイトの雇用について（稟議）

　年末販売キャンペーンの販売の補助スタッフとして，
　下記の通り学生アルバイトを雇用してよいか，お伺いいたします。

記

1	人　数	3名
2	雇用期間	12月8日〜12日の5日間
3	経費概算	300,000円（アルバイト料・交通費）

以上

稟議書作成のポイント

- **表題**
  表題も本文の中に入れて，簡潔にまとめます。
  「学生アルバイトの雇用について（稟議）」など，この文書の目的を書きます。

- **決まり文句**
  「〜してよいか，お伺いいたします」または「〜してよろしいか，伺います」

- **箇条書き**
  箇条書きにして分かりやすくする。

規定文の用語

　規定とは,「文書取扱規定」などの例のように, 会社や団体などの「決まり」のことです。

- 義務/指示/要求:「…しなければならない。」「…することは必要である。」「…することをいう。」
- 選択の自由を認める場合:「…するのを基準とする。」
- 推奨:「…するのがよい。」
- 許容:「…してもよい。」

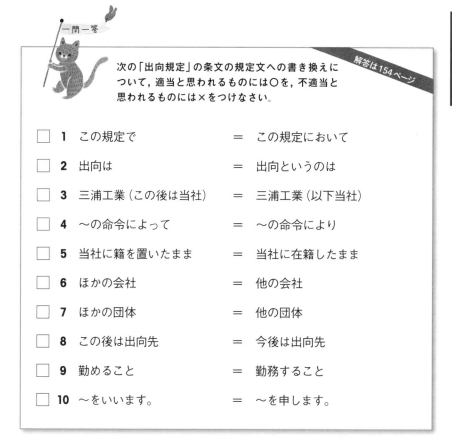

一問一答

次の「出向規定」の条文の規定文への書き換えについて, 適当と思われるものには〇を, 不適当と思われるものには×をつけなさい。

解答は154ページ

- [ ] 1　この規定で　　　　　　　=　この規定において
- [ ] 2　出向は　　　　　　　　=　出向というのは
- [ ] 3　三浦工業 (この後は当社)　=　三浦工業 (以下当社)
- [ ] 4　〜の命令によって　　　=　〜の命令により
- [ ] 5　当社に籍を置いたまま　=　当社に在籍したまま
- [ ] 6　ほかの会社　　　　　　=　他の会社
- [ ] 7　ほかの団体　　　　　　=　他の団体
- [ ] 8　この後は出向先　　　　=　今後は出向先
- [ ] 9　勤めること　　　　　　=　勤務すること
- [ ] 10　〜をいいます。　　　　=　〜を申します。

社内文書②（議事録）

議事録は，会議の記録です。箇条書きで書き表すことを覚えましょう。

議事録の文例

営業会議議事録

1	日　時	令和〇年 10 月 24 日（火）16：00 ～ 16：30
2	場　所	第 2 会議室
3	出席者	中村部長，橋本課長，中野課長，廣瀬主任
		西原主任，深山，平井（計 7 名）
4	議　題	「営業強化週間の検討」
5	内　容	営業部員は，営業強化週間として 11 月 13 日～ 17 日の 5 日間を実施することの，具体的な内容について，討議に入った。

以上

記録　平井

議事録作成のポイント

議事録作成は，漏れがないように録音とメモにより記録します。

- 会議名
- 日時 / 場所
- 主催者名 / 議長 / 出席者名 / 欠席者名 / 議題 / 決定事項 / 結論
- 配布資料名

また，会議での机の並べ方は，会議の目的や出席人数によって，次のような種類があります。

円卓式	全員で大きな机を囲む形式。お互いがよく見えて意見を交換しやすいので，話し合いに重点が置かれる会議に向いている。出席者が20人ぐらいまで。
ロの字形	幾つかの机をロの字形に並べて，その外側に座る。人が多いときには，内側にも席を設ける。
コの字型・Ｖ字形	コの字形はホワイトボードを使う場合。Ｖ字形はプロジェクターなどを使う場合や説明会に適している。
教室式	人数が多い場合や説明会に適している。

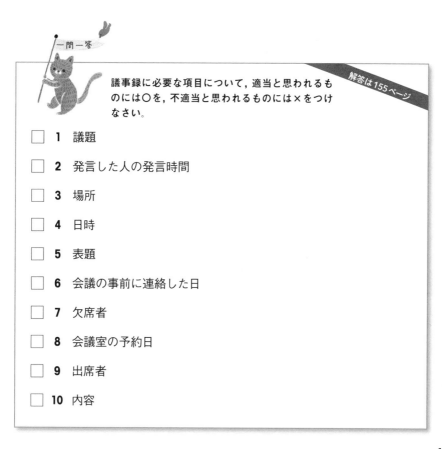

一問一答

議事録に必要な項目について，適当と思われるものには〇を，不適当と思われるものには×をつけなさい。

解答は155ページ

- [ ] 1　議題
- [ ] 2　発言した人の発言時間
- [ ] 3　場所
- [ ] 4　日時
- [ ] 5　表題
- [ ] 6　会議の事前に連絡した日
- [ ] 7　欠席者
- [ ] 8　会議室の予約日
- [ ] 9　出席者
- [ ] 10　内容

Lesson **4** - 5

社外文書①

社外文書は，社内文書より丁寧に書き表します。
簡単な業務文書が書けるように，文例の形式や表現を確認しましょう。

社外文書①　文例

令和○年9月10日

各位

株式会社コンピューター

移転に伴う住所変更のご通知

拝啓　貴社ますますご隆盛のこととお喜び申し上げます。
　さて，当社の移転に伴い住所が10月1日から，下記の通り変更になりますので，ご通知いたします。
　つきましては，お手数ではございますが，名簿等ご訂正いただきたく，お願い申し上げます。

敬具

記

新表示　東京都千代田区有楽町一丁目3番8号（〒100 - 0006）

以上

社外文書作成のポイント①

- 前付け
  発信日付，受信者名，発信者名を書き入れます。
- 表題
  問題の通りに書きます。
- 前文
  例：「拝啓　貴社ますますご隆盛のこととお喜び申し上げます。」

- **主文**
  例：「さて，・・・」からはじめます。
  　　次は「つきましては，・・・」
- **記書き**
- **後付け**
  「以上」を忘れないように書きます。

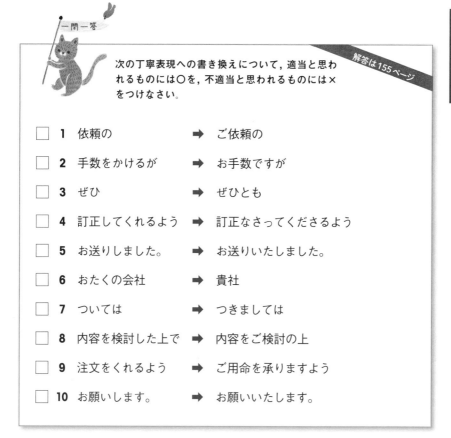

一問一答

次の丁寧表現への書き換えについて，適当と思われるものには〇を，不適当と思われるものには×をつけなさい。

解答は155ページ

	1	依頼の	➡	ご依頼の
	2	手数をかけるが	➡	お手数ですが
	3	ぜひ	➡	ぜひとも
	4	訂正してくれるよう	➡	訂正なさってくださるよう
	5	お送りしました。	➡	お送りいたしました。
	6	おたくの会社	➡	貴社
	7	ついては	➡	つきましては
	8	内容を検討した上で	➡	内容をご検討の上
	9	注文をくれるよう	➡	ご用命を承りますよう
	10	お願いします。	➡	お願いいたします。

社外文書②

ここでは社外通信文書の案内状などの作成の方法を見ていきます。

社外文書② 文例

令和○年6月21日

各位

株式会社スポーツコンサル

「新規会員」入会案内書送付のご案内

拝啓 ますますご清祥のこととお喜び申し上げます。

　さて，このたびは「新規会員」入会案内書をご請求くださり，誠にありがとうございます。

　早速，ご依頼の資料をお送りいたしますので，ご高覧の上，ご検討くださいますよう，お願い申し上げます。

　なお，ただ今入会金割引キャンペーンを実施いたしております。期限も迫っておりますので，この機会をお見逃しにならず，お申し込みくださいますよう，併せてご案内申し上げます。

　まずは，御礼かたがたご案内申し上げます。

敬具

社外文書作成のポイント②

❶ 発信日と受信者名，発信者名を書式に従って書く。
❷ 表題（タイトル）を考える。
❸ 本文を丁寧な言葉に書き改める。

一問一答

次の社外文書を構成する各文について，適当と思われるものには○を，不適当と思われるものには×をつけなさい。

解答は155ページ

☐ **1** 前略　ますますご発展のこととお喜び申し上げます。

☐ **2** さて，このたびは，入会案内書をご請求くださり，誠にありがとうございます。

☐ **3** 依頼のお資料を送らせていただきますので

☐ **4** 見られてから，検討くださいますよう，お願い申し上げます。

☐ **5** なお，ただ今入会金割引キャンペーンを実施いたしております。

☐ **6** 期限も近いので

☐ **7** この機会を見逃さず

☐ **8** 申し込みくださいませ。

☐ **9** 併せてご案内申し上げます。

☐ **10** まずは，御礼かたがたご案内申し上げます。

第4章　実務技能

社交文書①

社交文書には，あいさつ状，病気見舞状や礼状などがあります。
ここでは，あいさつ状の作成方法を見ていきましょう。

社交文書① 文例

担当者交代のあいさつ状の一部

> 　さて，私こと，このたび○○の後を受け，貴地の担当を命じられました。未熟の身ではございますが，皆様のご期待に沿えるよう，努力いたす所存でございます。なにとぞ前任者同様，ご指導ご支援を賜りますよう，お願い申し上げます。
> 　まずは，略儀ながら書中をもって，ごあいさつ申し上げます。

社交文書作成のポイント

❶ 手紙用語や敬語などを用いて書き改める。
❷ 改行に気をつける。
❸ 頭語と結語，時候のあいさつの言葉に気をつける。

一問一答

次の社交文書内の下線の漢字の読み方について,
適当と思われるものには○を,不適当と思われる
ものには×をつけなさい。

解答は156ページ

拝啓　初冬の候,貴社ますますご隆盛のこととお喜び申し上げます。
　　　　1　　　　　　　　　　　2

　さて,私儀,このたび北信株式会社代表取締役社長を退任いたしました。
　　　　3

　在任中は永年にわたり多大のご厚情を賜り,衷心より御礼申し上げます。
　　4　　5　　　　　　　　　　　6　　　　　7

　今後は,相談役として社業の一端を担う所存でございますので,引き続
　　　　　　　　　　　　　　8　9　10

きご支援のほどお願いいたします。

　まずは,略儀ながら書中をもって,ごあいさつ申し上げます。

　　　　　　　　　　　　　　　　　　　　　　　　　　　　　　　敬具

第4章　実務技能

☐　**1**　はつふゆ

☐　**2**　りゅうせい

☐　**3**　しぎ

☐　**4**　ざいにんちゅう

☐　**5**　ながねん

☐　**6**　こんじょう

☐　**7**　ちゅうしん

☐　**8**　ひとはし

☐　**9**　おぎな

☐　**10**　しょぞん

135

Lesson **4** - 8

社交文書②

ここでは礼状の文例をもとに，社交文書により慣れていきましょう。

社交文書② 文例

取材協力のお礼状

拝啓　貴社ますますご発展のこととお喜び申し上げます。

　さて，先日はご多忙中にもかかわらず，当社刊行の「月刊展望」のテレビ取材にご協力を賜り，誠にありがとうございました。ここにDVDをお届けいたしますので，ご高覧くださいますようお願いいたします。

　今後とも編集スタッフ一同，さらに充実した制作のため鋭意努力いたす所存でございます。何とぞ一層のご愛顧を賜りますよう，お願いいたします。

　まずは，書中をもって御礼申し上げます。

敬具

解答は156ページ

次の社交文書の一部の漢字の読み方について，下線部分が適当と思われるものには〇を，不適当と思われるものには×をつけなさい。

☐ **1** 大過なく（大きなミスもなく） ＝ だいか

☐ **2** 職責を全うする ＝ しょくせき

☐ **3** お引き立てを賜り ＝ おひきたて

☐ **4** ご高名はかねて存じ上げております ＝ たかな

☐ **5** 社業の発展に ＝ しゃぎょう

☐ **6** 尽力いたす ＝ じりょく

☐ **7** 所存でございます ＝ しょぞん

☐ **8** ご用命 ＝ ようめい

☐ **9** 披露かたがた ＝ ひろ

☐ **10** 小宴を開催したく ＝ こえん

第4章
実務技能

受発信事務

あて名は，会社名，部署名，役職名，人名，敬称で成り立ちます。
封書のあて名の書き方や外わき付けについて見ていきましょう。

覚えるべきポイント

● あて名に付ける敬称

敬称	あて名
様	あて名が個人名の場合
殿	あて名が役職名の場合
御中	あて名が会社名の場合
各位	全員に出す場合

● 封書の外わき付け
目的に応じて使い分ける

わき付け	目的
在中	例：「請求書在中」は請求書が中にある。
重要	重要書類が入っている。
親展	受取人に直接開封してほしい。
至急	急いで処理してほしい。
公用	受取人が不在の場合，担当が同じならほかの人でも開封して構わない。

解答は156ページ

封筒に書いたあて名に付けた敬称で，適当と思われるものには〇を，不適当と思われるものには×をつけなさい。

☐ **1** 日本総合株式会社
後藤営業部長殿

☐ **2** 日本総合株式会社
東山敬之　総務部長様

☐ **3** 日本総合株式会社
経理部　御中

☐ **4** 日本総合株式会社
営業ご担当者殿

☐ **5** 日本総合株式会社
営業部長様

☐ **6** 日本総合株式会社
代表取締役社長殿

☐ **7** 日本総合株式会社
田中良治　営業本部長殿

☐ **8** 日本総合株式会社
代表取締役社長様

☐ **9** 日本総合株式会社
総務部　総務課　御中

☐ **10** 日本総合株式会社
経理部　　殿

第4章

実務技能

機密文書の取り扱い

会社では機密（「秘」扱い）文書を取り扱うことがあります。
誰にでも公開してはならない，重要な文書であるため，扱いに気を付けなければなりません。

機密文書の取り扱い方

❶ 保管するとき
- 厳重に保管する
- 鍵の掛かるキャビネットなどに保管する
- 重要度の高い文書は，耐火性のある金庫などに入れる
- 一般の文書とは別にする

❷ コピーするとき
- 人の目に触れない場所でする
- 必要枚数だけにする
- ミスコピーはシュレッダーにかける

❸ 持ち運ぶとき
- 封筒に入れて，それと分からないようにする

❹ 郵送するとき
- 封筒を二重にする
- 表に「親展」と書く
- 簡易書留，または書留で送る

❺ その他
- 机上に広げたまま，席を外さない
- 廃棄するときは，シュレッダーで処理する
- 手渡しをするときは，文書受け渡し簿に受領印をもらう
- 会議などで回収する資料については，配布した人の名前を控えておく

機密文書の種類

- 極秘:経営数字など, 会社全体の存続に影響するもの, 重要会議の議事録。特定の社員以外には, 公開できない文書
- 部外秘:特定の部員以外には, 公開できない文書
- 社外秘:社員以外には, 公開できない文書
- 関係者外秘:その仕事にかかわっている人以外は見てはいけない

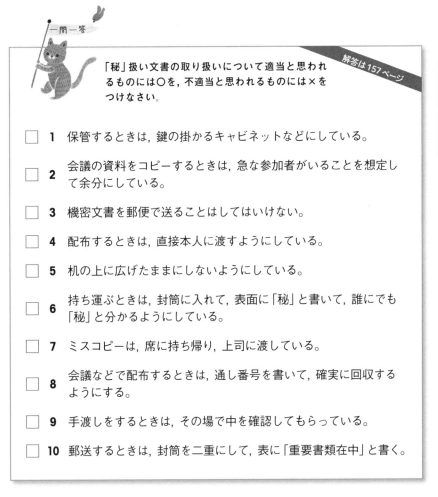

一問一答

「秘」扱い文書の取り扱いについて適当と思われるものには〇を, 不適当と思われるものには×をつけなさい。

解答は157ページ

□ 1 保管するときは, 鍵の掛かるキャビネットなどにしている。

□ 2 会議の資料をコピーするときは, 急な参加者がいることを想定して余分にしている。

□ 3 機密文書を郵便で送ることはしてはいけない。

□ 4 配布するときは, 直接本人に渡すようにしている。

□ 5 机の上に広げたままにしないようにしている。

□ 6 持ち運ぶときは, 封筒に入れて, 表面に「秘」と書いて, 誰にでも「秘」と分かるようにしている。

□ 7 ミスコピーは, 席に持ち帰り, 上司に渡している。

□ 8 会議などで配布するときは, 通し番号を書いて, 確実に回収するようにする。

□ 9 手渡しをするときは, その場で中を確認してもらっている。

□ 10 郵送するときは, 封筒を二重にして, 表に「重要書類在中」と書く。

第4章 実務技能

Lesson ④-11
郵便の知識

ここでは，速達や書留，大量郵便物の発送などを見ていきましょう。

覚えるべき郵便の知識

第一種郵便	封書のこと。
第二種郵便	はがきのこと。
第三種郵便	郵便局から許可を受け，新聞・雑誌などの定期刊行物を割引料金で送ることができる郵便のこと。

● 大量郵便物

料金別納郵便	郵便料金を一括で，発送する都度その場で料金を支払う方法。10通以上の郵便物を送るときに便利。切手を貼る必要がない。
料金後納郵便	1か月分の郵便料金を翌月にまとめて支払う方法。1か月に50通以上の発送が条件。
料金受取人払	大量のアンケートなどを発送するとき，同封する返信用はがきや封筒を「料金受取人払い」にする。

● 特殊取扱郵便

速達	封筒やはがきに「速達」の表示をすることで，普通郵便より速く着く。
書留	手形・小切手，重要な文書を送るとき。
簡易書留	原稿や資料を，確実に送りたいとき。
現金書留	現金を送るとき。指定の「現金書留封筒」を使用する。
配達証明	配達した月日の証明
内容証明	どういう内容の文書を出したかを証明してほしいとき。
引受時刻証明	出した時刻の証明をしてほしいとき。

- 郵便小包

ゆうメール	書籍, カタログ, パンフレット, 冊子状の印刷物。CD・DVD, メモリーカードなどを送るとき。
ゆうパック	一般小包。大きさ, 地域によって料金が変わる。

一問一答

さまざまな場合における最も適切な郵便方法について, 適当と思われるものには〇を, 不適当と思われるものには×をつけなさい。

解答は157ページ

☐	1	どのような内容の文書を出したか証明してほしい。	= 配達証明
☐	2	デパートの商品券5万円分を郵送したい。	= 現金書留
☐	3	機密文書の内容のDVDを送りたい。	= ゆうメール
☐	4	参考資料として, 50ページほどの雑誌を郵送したい。	= ゆうメール
☐	5	配達した月日の証明をもらってほしい。	= 引受時刻証明
☐	6	香典と悔やみ状を郵送したい。	= 現金書留
☐	7	普通郵便より速く着くようにしたい。	= 現金書留
☐	8	重要書類を確実に届くように郵送したい。	= 簡易書留
☐	9	10通以上の郵便物を送りたい。	= 料金後納郵便
☐	10	大量のアンケートなどを送りたい。	= 内容証明

用紙の大きさ

用紙の大きさの規格には，A判とB判があります。
用紙の列番号と大きさの関係や封筒の基本的なサイズ表記について確認しましょう。

A判

- A5判の4倍の大きさは，A3判
- A4判の2分の1の大きさは，A5判
- A3判の用紙は，A5判の用紙4枚分

B判

	B4版
B3版	
	B5版 ／ B5版

- B5判の4倍の大きさは，B3判
- B4判の2分の1の大きさは，B5判
- B3判の用紙は，B5判の用紙4枚分

封筒のサイズ

封筒は縦横の長さにより，①長形②角形③洋形に分類されます。

❶ 長形
- 縦の長さが横幅の長さのおよそ2倍以上ある封筒
- A4, B5サイズの用紙を折りたたんで入れることが多く，ほとんどのサイズで定形郵便として安価に送付することができる

❷ 角形（通称「かくさん」）
- 長形と比較すると横幅の比率が大きく，長形よりも正方形に近い形をしている封筒
- 封入する用紙・書類を折らずにそのまま入れたい場合に適している
- ほとんどが定形外郵便として扱われるため，長形よりも郵便料金が発生する

❸ 洋形
- 長形と角形は短辺に封入口があったのに対し，洋形は長辺に封入口がある
- DM用のチラシや招待状，請求書類など幅広く利用されている

一問一答

次の文書を送るのに適した封筒として適当と思われるものには〇を，不適当と思われるものには×をつけなさい。

解答は157ページ

☐	**1** B5判を折らずに	=	角形3号
☐	**2** A4判を折らずに	=	角形3号
☐	**3** 角の丸いはがき大のカード	=	洋形2号
☐	**4** A4判を横三つ折り	=	角形3号
☐	**5** B5判を横三つ折り	=	長形3号
☐	**6** B4判を折らずに	=	角形2号
☐	**7** B3判のポスターを四つ折り	=	角形3号
☐	**8** A4判を折らずに	=	角形2号

印刷物の校正

出来上がった原稿を印刷所に渡す前に，
誤字脱字などをチェックして正す作業を「校正」といいます。

印刷物の校正の流れ

第一段階は「初校」（しょこう）…最初の校正
  ↓
 「再校」（さいこう）…訂正箇所が多く，再度見る必要がある場合
  ↓
 「責了」（せきりょう）…訂正箇所がなく，以降は印刷所が責任を
         持って直す
  ↓
 「校了」（こうりょう）…印刷に入る

解答のポイント

❶ 全体の体裁（レイアウト）を整える
❷ 改行の書き出し部分「ついては」「さて」などの接続の言葉に注意する
❸ 校正記号の使い方を理解する

主な校正記号

トル	文字・記号などを取り去り，跡を詰める
トルアキ	文字・記号などを取り去り，跡を空けておく
オモテ	表ケイ（細い線 ——）
ウラ	裏ケイ（太い線 ——）
イキ	訂正を取り消す
ミン	明朝体
ゴ・ゴチ	ゴシック体

ポ	ポイント。書体の大きさの単位
□	1字分（全角）空ける
⟶	この位置まで寄せる
⟵	この位置まで寄せる
↓	この位置まで下げる
～	行を入れ替える

一問一答

次の文書の校正について，適当と思われるものには○を，不適当と思われるものには×をつけなさい。

解答は158ページ

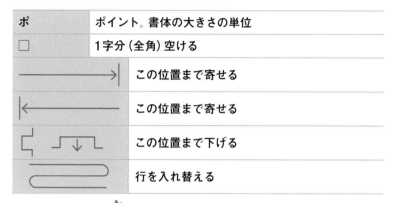

令和○年9月11日 ————————————————→ **1**

社員各位 ————→ **2**

3
総務課長 ↓

社内旅行委員の選任について（依頼）————→ **4**

5
　このたび，社内旅行の委員を一新することになりました。**6** ついては，各課から下記に該当する社員2名を選任し，9月20日までに担当あてご連絡ください。

8 記 ————————→ **7**

1　任期　　令和○年10月1日から1年間
2　対象　　入社後2年～5年の社員

10
9 ←——担当　総務課　木村
　　　　　　　　（内線　254）

（以上）

第4章　実務技能

147

実務技能

❶ 営業部営業一課の新人中村静花（ナカムラシズカ）は入社のとき，「給与銀行振込依頼書」を提出するよう指示され，下の用紙を受け取った。この用紙に次の内容を書き入れ，「給与銀行振込依頼書」を作成しなさい。

> 振込先は，エイト銀行大手町支店の普通預金（本人名義）で，口座番号は0012121である。
> なお，提出日は令和○年4月3日である。

給与銀行振込依頼書

令和　年　月　日

株式会社インターナショナル　御中

所　属	部	課
名　前	㊞	

下記の銀行口座を，給与・賞与の振込先として指定します。

振込口座（本人名義の口座を指定）

銀行名	銀行
支店名	支店
預金種別	普通・当座
口座番号	
フリガナ	
名義	

❷ 次の【参考文例】を参考にして，下の問いに答えなさい。

【参考文例】

令和○年9月1日

営業部員各位

営業部長

9月度業務報告会の開催について（通知）

下記の通り，9月度の業務報告会を開催します。

記

1　日　　時　　9月20日（水）13時から14時まで
2　場　　所　　第二会議室

以上

担当　佐々木
（内線　254）

問1　次は，書類の配布を社員に知らせる社内通知状の一部です。この中の下線部分1〜3にはどのような語句が入るか。それぞれ下の中から適当と思われるものを一つ選び，番号で答えなさい。

年末調整に関する申告書を＿＿＿1＿＿＿。各自，添付資料に基づいて必要事項を＿＿＿2＿＿＿，各課で取りまとめて11月10日まで当課へ＿＿＿3＿＿＿。

1－（1）配布します　　　　　　　2－（1）ご記入になって
　　（2）配布いたします　　　　　　（2）ご記入いただき
　　（3）配布する　　　　　　　　　（3）記入の上

3－（1）ご提出いただきたいと存じます
　　（2）ご提出のほど，お願いいたします
　　（3）提出してください

問2　次の内容に従って，記書きを交えた社内通知状を作成しなさい。

1　発信者　総務部長
2　受信者　全社員
3　発信日　令和○年7月5日
4　表題　　夏季の休業について（通知）
5　担当者　総務課　田中（内線254）

夏季の休業について通知する。休業期間は，8月10日（木）から8月16日（水）までの7日間である。

❸ 次は，封筒に書いた取引先の宛て名です。中から宛て名が適切に書かれているものを一つ選び，番号で答えなさい。

1) 株式会社A社　人事課採用係　担当者宛てのとき，
   株式会社A社
   人事課採用係　ご担当者様

2) B社株式会社　経理課　安藤孝雄課長宛てのとき，
   B社株式会社　経理課　御中
   安藤孝雄課長様

3) 株式会社C社　総務部宛てのとき，
   株式会社C社　御中
   総務部各位

4) 株式会社D社　営業部　橋本徹氏宛てのとき，
   株式会社D社　内
   営業部　橋本徹様

❹ 次の「　　」内の説明に該当する敬称を，下の中から一つ選び，番号で答えなさい。

「文書の受信者が複数いる場合の敬称，『皆様方』という意味」

1) 貴殿

2) 各位

3) 御中

4) 御方

実務技能

❶ 総務課の新人溝田は，先輩に指導を受けながら社内会議の議事
録を作成することになった。そこで，議事録に必要な項目として
次の項目を挙げてみたが，先輩はこれだけでは不十分だという。
この場合の不足している項目とは何か，三つ答えなさい。

【溝田が挙げた項目】
・会議名
・場所
・議事内容（決定事項）
・配布資料
・保留事項
・次回開催日
・記録者名

❷ 次の内容に従って，訪問先への礼状を作成しなさい。

1	発信者	株式会社エー・ビー・シー　営業部長　吉本　陽介
2	受信者	カミキタコーポレーション株式会社　営業部長　田辺　祐司
3	発信日	令和○年7月5日
4	表題	不要
5	同封物	月刊誌　8月号

　おたくの会社もますます発展していることとお喜び申します。
　さて，昨日は，忙しいときなのに，会ってくれて，本当にありがとうござい
ました。
　その際，説明をしたうちの新製品「L－5」は，どうでしたでしょうか。もし，
デモンストレーションを希望なら，技術スタッフを伴って行くので，気軽に
言いつけてくれるように願います。
　なお，「L－5」のユーザーレポートが月刊誌8月号に掲載されていたので，
参考までに同封しました。
　まずは，御礼と案内を申します。

❸ 次の内容に従って，営業担当者交代のあいさつ状を作成しなさい。

1　発信者　株式会社銀座物産　福岡支店長　久保田　政孝
2　受信者　全お得意様
3　発信日　令和〇年9月1日
4　表題　　適切と思われるものを付けなさい。

　　いつも特別に引き立ててもらい，心からお礼を申します。
　　さて，営業でおたくを担当の村上萌花は，10月31日付で退職することになりました。長らくのごひいき，本当にありがとう。
　　ということで，これからはうちの支店の販売1課の牟田宏美が，後任としておたくを担当させてもらうので，どうか承知して，前任者と同じように引き立ててくれるよう，お願いします。
　　なお，近々，両名をあいさつに行かせるので，その節はよろしくお願いします。
　　まずは，取りあえず手紙であいさつします。

---

❹ 次は「現金書留」について述べたものです。この中で適当なものには〇を，不適当なものには×を書きなさい。

1) 現金のほかに手紙や注文書を同封することができる。

2) 配達終了後，配達したことを知らせる通知が差出人に届く。

3) 受け取るときは，受取人の本人確認の提示が必要である。

4) 支払う送料は，送る金額に応じた現金書留専用の料金だけでよい。

5) 現金書留の専用封筒は有料である。

6) 紛失などの場合は，損害賠償してもらえる。

解答・解説

Lesson ④ - 1　ビジネス文書の種類と分類

1	✖	社外文書である。
2	○	
3	✖	社外文書である。
4	✖	社外文書である。
5	○	
6	✖	社内文書である。
7	✖	社交文書である。
8	○	
9	✖	社内文書である。
10	○	

Lesson ④ - 2　通知文

1	✖	「出席してください」が正しい。丁寧すぎるので不適当。
2	○	
3	✖	「周知するよう」が正しい。丁寧すぎるので不適当。
4	✖	「訂正するよう」が正しい。
5	○	
6	✖	「開始します」が正しい。
7	✖	「確認のほど」が正しい。
8	○	
9	✖	「通知します」が正しい。
10	○	

Lesson ④ - 3　社内文書（稟議書・規定）

1	○	
2	✖	「出向とは」が正しい。
3	○	
4	○	
5	✖	「当社に在籍のまま」が正しい。
6	✖	「他社」が正しい。
7	✖	「他団体」が正しい。
8	✖	「以下出向先」が正しい。
9	○	
10	✖	「いう。」が正しい。

Lesson ④ - 4　社内文書（議事録）

1	○	
2	✕	必要ない。
3	○	
4	○	
5	○	
6	✕	必要ない。
7	○	
8	✕	必要ない。
9	○	
10	○	

Lesson ④ - 5　社外文書①

1	○	
2	○	
3	✕	「なにとぞ」が正しい。
4	✕	「ご訂正くださるよう」が正しい。
5	○	
6	○	
7	○	
8	○	
9	✕	「ご用命を賜りますよう」が正しい。
10	✕	「お願い申し上げます」が正しい。

Lesson ④ - 6　社外文書②

1	✕	「拝啓　ますますご清祥のこととお喜び申し上げます。」が正しい。
2	○	
3	✕	「ご依頼の資料をお送りいたしますので」が正しい。
4	✕	「ご高覧の上，ご検討くださいますよう，お願い申し上げます。」が正しい。
5	○	
6	✕	「期限も迫っておりますので」が正しい。
7	✕	「この機会をお見逃しにならず」が正しい。
8	✕	「お申し込みください。」が丁寧。
9	○	
10	○	

Lesson ④ - 7 社交文書①

1	✖	「しょとう」が正しい。
2	⭕	
3	✖	「わたくしぎ」が正しい。
4	⭕	
5	✖	「えいねん」が正しい。
6	✖	「こうじょう」が正しい。
7	⭕	
8	✖	「いったん」が正しい。
9	✖	「にな」が正しい。
10	⭕	

Lesson ④ - 8 社交文書②

1	✖	「たいか」が正しい。
2	⭕	
3	⭕	
4	✖	「こうめい」が正しい
5	⭕	
6	✖	「じんりょく」が正しい。
7	⭕	
8	⭕	
9	✖	「ひろう」が正しい。
10	✖	「しょうえん」が正しい。

Lesson ④ - 9 受発信事務

1	⭕	
2	✖	「総務部長　東山敬之様」が正しい。
3	⭕	
4	⭕	
5	✖	「営業部長殿」が正しい。
6	⭕	
7	✖	「営業本部長　田中良治様」が正しい。
8	✖	「代表取締役社長殿」が正しい。
9	⭕	
10	✖	「経理部　御中」が正しい。

Lesson ④ - 10　機密文書の取り扱い

1	○	
2	✕	必要部数だけが正しい。
3	✕	「簡易書留」扱いであれば，安全確実に送ることができる。
4	○	
5	○	
6	✕	封筒に入れて，それと分からないようにする。
7	✕	すぐにシュレッダーにかける。
8	○	
9	✕	その場で確認してもらう必要はなく，文書受け渡し簿に受領印をもらう。
10	✕	二重にして，表に「親展」と書く。

Lesson ④ - 11　郵便の知識

1	✕	内容証明が正しい
2	✕	書留が正しい。
3	✕	機密文書なので，書留または簡易書留が正しい。
4	○	
5	✕	配達証明が正しい。
6	○	
7	✕	速達が正しい。
8	○	
9	✕	料金別納郵便が正しい。
10	✕	料金受取人払が正しい。

Lesson ④ - 12　用紙の大きさ

1	○	
2	✕	角形2号（資料やカタログなど）が正しい。
3	✕	洋形3号（招待状やあいさつ状など）が正しい。
4	✕	長形3号（文書など）（通称「ながさん」）が正しい。
5	○	
6	✕	角形1号（資料や原稿など）が正しい。
7	○	
8	○	

Lesson ④ - 13　印刷物の校正

1	○	

第4章　実務技能

2	✗	校正の必要はない。
3	○	
4	○	
5	✗	既に一字下げになっているため，校正の必要はない。
6	○	
7	○	
8	✗	
9	✗	校正の必要はない。
10	○	

章末問題　3級

❶　解答例

給与銀行振込依頼書

令和○年4月3日

株式会社インターナショナル　御中

所　属	営業部　　　営業一課
名　前	中村　静花　　㊞

下記の銀行口座を，給与・賞与の振込先として指定します。

振込口座（本人名義の口座を指定）

銀行名	エイト銀行
支店名	大手町支店
預金種別	⟨普通⟩　当座
口座番号	００１２１２１
フリガナ	ナカムラシズカ
名義	中村　静花

❷　問1　1−（　1　）　2−（　3　）　3−（　3　）
　　問2　次ページ参照

❸　1）

❹　2）　各位は文書の受信者が複数いる場合の敬称です。

章末問題　2級

❶　1開催日時　　2出席者名　　3議題

❷　次ページ参照

❸　次ページ参照

❹

1○　現金のほかに手紙や注文書を同封することができる。
2×　控えを受け取ることになる。通知が差出人に届かない。
3×　受け取るときは，不要である。
4×　送料は現金書留専用の料金と普通郵便の料金が必要となる。
5○　現金書留の専用封筒は有料である。
6○　粉失などの場合は，損害賠償してもらえる

章末問題　3級

❷ 問2 【解答例】

令和○年7月5日

社員各位

総務部長

夏季の休業について（通知）

　夏季の休業について，下記の通り通知します。
記
1　休業期間は，8月10日（木）から8月16日（水）まで（7日間）

以上

担当　総務課　田中
（内線254）

章末問題　2級

❷【解答例】

令和○年7月5日

カミキタコーポレーション株式会社
　営業部長　田辺　祐司　様

株式会社ェー・ビー・シー
営業部長　吉本　陽介　印

拝啓　貴社ますますご発展のこととお喜び申し上げます。
　さて，昨日は，ご多忙中にもかかわらずご引見くださり，誠にありがとう
ございました。
　その際，ご説明を申し上げました弊社新製品「L−5」は，いかがでござ
いましたでしょうか。もし，デモンストレーションをご希望なら，技術スタッ
フを伴って参上いたしますので，お気軽にお申し付けくださるようお願いい
たします。
　なお，「L−5」のユーザーレポートが月刊誌8月号に掲載されておりまし
たので，ご参考までに同封いたしました。
　まずは，御礼かたがたご案内を申し上げます。

敬具

同封　　月刊誌　8月号　　　　　　　　　　　　　　　　　　以上

発信者の印鑑は，現在では省略されることが多く採点外。
「誠に」は「まことに」でも可。

160

章末問題　2級

❸【解答例】

令和〇年9月1日

お得意様各位

株式会社銀座物産
福岡支店長　久保田　政孝

営業担当者交代のお知らせ

拝啓　平素は格別のお引き立てを賜り，厚く御礼申し上げます。

　さて，営業の貴社担当村上萌花は，10月31日付でもって退職いたすこととなりました。長らくのご愛顧，誠にありがとうございました。

　つきましては，今後は当支店販売1課牟田宏美が，後任として貴社を担当させていただきますので，なにとぞご高承の上，前任者同様お引き立てくださいますよう，お願い申し上げます。

　なお，近々，両名をごあいさつに参上させますので，その節はよろしくお願いいたします。

　まずは，取りあえず書中をもってあいさつ申し上げます。

敬具

「ご高承の上」は「ご高承のうえ」，
「取りあえず」は「とりあえず」でも可。

第4章　実務技能

模擬試験

模擬試験3級

模擬試験2級

試験時間：3級120分，2級130分

合格基準：表記技能・表現技能・実務技能の各領域において60％以上の得点ができていること。

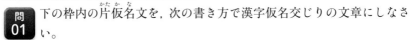

3級模擬試験

I 表記技能

問01 下の枠内の片仮名文を, 次の書き方で漢字仮名交じりの文章にしなさい。

① 楷書で丁寧に書きなさい。

② 句点 (。) と読点 (,) を打ち, 必要な改行をしなさい。

　サテ　コノタビハ　トウシャセイヒンノ　シリョウヲ
ゴセイキュウ　イタダキ　マコトニ　アリガトウ　ゴザイマス
ツキマシテハ　サッソク　ホンネンドバン　ソウゴウカタログヲ
オオクリ　イタシマシタ　ノデ　ゴケントウ　クダサイマスヨウ
ヨロシク　オネガイ　モウシアゲマス

問02 次の各地名の下線部分を, 漢字で書きなさい。

(1) イバラキ県水戸市
(2) ニイガタ県ニイガタ市
(3) トクシマ県トクシマ市
(4) ミエ県津市
(5) 沖縄県ナハ市

問 03 次は，会社などでの役職名を片仮名で書いたものです。これを漢字で書きなさい。

(1) ダイヒョウトリシマリヤクシャチョウ
(2) カンサヤク
(3) センム
(4) ジョウム
(5) ホンブチョウ

問 04 「ノびる（ノばす）」の下線部分を漢字で書くと，「伸」か「延」のいずれかになりますが，それぞれ意味が異なるため書き分けが必要になります。では，次の各文の下線部分はどちらの漢字にするのがよいか。下の漢字の意味を参考にして，答えなさい。

(1) 支払いをノばす。
(2) 売り上げがノびる。
(3) 才能をノばす。
(4) 会議がノびる。

(語) 　(意味)
「伸」 …発展
「延」 …延長

問 05 次の文章の下線部分 (1) ～ (8) の漢字の読み方を，平仮名で答えなさい。

　　　(1)　　　　　　　　　　　　(2)
さて，承れば，このたび北海道支店長に昇進されたとのこと，誠に
　　　　　　　　　　　　(3)　(4)　　　(5)
おめでとうございます。これも，貴殿の卓越したご手腕とご見識に
　　(6)　　　(7)　(8)
よるものと拝察いたし，敬服に堪えません。

165

ビジネス文書は，どの位置に何を書くのかが決まっています。これを
書式といいます。

ビジネス文書はこの書式に従って書くと効率的に作成することができ
ます。では，次の社外文書の (1) ～ (10) に，下の【語群】のどれが該
当するか。適当と思われるものを選び，番号で答えなさい。

(1)
(2)

(3)

(4)

(5)

拝啓

(6)

(7)

1

2

(8)

(9)
(10)
内線番号

【語群】
① 発信者名　② 発信日　③ 以上　④ 文書番号　⑤ 担当者名
⑥ 敬具　⑦ 表題　⑧ 受信者名　⑨ 同封　⑩ 記

問07 ①の【文例】は，一つの文に同じような意味の言葉が二つあるため，文が整っていませんが，「が必要なの」を削除すれば整います。では，②の【問題】はどこを削除すると文が整うか。③の中から適当と思われるものを，一つ選びなさい。

① 【文例】

> 社内文書に必要なのは，簡潔さ~~が必要なの~~である。

② 【問題】

> 「深謝」という語の意味には，「こころからわびる」と「心から感謝する」と二つの意味がある。

③

(1)「深謝」~~という語~~の意味には，「こころからわびる」と「心から感謝する」と二つの意味がある。

(2)「深謝」と~~いう語の意味に~~は，「こころからわびる」と「心から感謝する」と二つの意味がある。

(3)「深謝」という語~~の意味~~には，「こころからわびる」と「心から感謝する」と二つ~~の意味~~がある。

(4)「深謝」という語~~の意味~~には，「こころからわびる」と「心から感謝する」と二つの意味がある。

問 08　「精密」「綿密」「細心」「克明」は，次のようにそれぞれ意味が似ていますが，用い方が違います。では，下の (1) ～ (4) 各文の 　　　 部分には，どのような語が該当するか，意味を参考に答えなさい。

・「精密」　少しの狂いもなく正確であること。
・「綿密」　細かいところまでよく考えてあること。
・「細心」　細かいところまで配慮されていること。
・「克明」　小さいことでも見逃さないこと。

(1) 　　　 な計画を組み立てる。
(2) 　　　 な機械を組み立てる。
(3) 　　　 に記録する。
(4) 　　　 の注意を払う。

問 09　次の切れ目のない文に，①句点（。）を三つ入れて，全体を四つに区切りなさい。
②そのために削る必要のある語があれば，二重線で削除しなさい。③文書の形式として必要な語「さて，」「つきましては，」「まずは，」はどの場所に書くのがよいか，書き入れなさい。

拝啓　貴社ますますご発展のこととお喜び申し上げますが，当社では事業の拡大化に伴い，新社名を検討してまいりましたが，このたび「株式会社ミッドワールド」と社名変更することといたしましたので，これを機に社員一同，さらに精励いたす所存でございますので，今後とも一層のご愛顧を賜りますよう，お願い申し上げますが，取りあえず書中をもってごあいさつ申し上げます。

　　　　　　　　　　　　　　　　　　　　　　　　　　　　　　敬具

問 10 ビジネス文書の表題とは，その文書の目的を分かってもらうためのものです。では，次の社内文書にはどのような表題を付けるのがよいか。下の中から適当と思われるものを一つ選び，番号で答えなさい。

> このたび，5月度の福利厚生補助申請から，締切以降の申請は翌月扱いとなることをお知らせします。

(1) 締切以降の福利厚生費補助申請について
(2) 福利厚生費補助申請の日時について（連絡）
(3) 5月度の福利厚生費補助申請について（通知）
(4) 福利厚生費について（案内）
(5) 福利厚生費の補助申請締切日のご案内

問 11 言葉に「ご（お）」を付けるのは，相手に敬意を表すためです。例えば，自分の会社の要望は「当社の要望」，相手の会社の要望は，「貴社のご要望」のようになります。では，次の各文の下線部分の中で，「ご」の使い方が不適当なものはどれか。二つ選び，番号で答えなさい。

(1) 見積書をご検討の上，注文させていただきます。
(2) このたびのご栄転，誠におめでとうございます。
(3) 今後は，私が貴社のご担当を務めさせていただきます。
(4) ご盛会をお祈りいたします。
(5) ご祝辞を賜り，厚く御礼申し上げます。

問12 次の枠内は，紹介の礼状の一部です。この文章を形式の整った礼状にするには，下線部分A〜Eをどのような言い方にすればよいか。下の中から適当と思われるものを一つ選び，番号で答えなさい。

　　酒井様にはますます　　A　　のこととお喜び申し上げます。
　　さて，このたびは，ご無理なお願いにもかかわらず，S社岩村常務を
　＿＿＿＿＿B＿＿＿＿＿，　C　ありがとうございました。厚く＿＿＿＿D
＿＿＿＿＿＿。
　　おかげさまで商談も順調に進み，昨日，無事契約を締結することができましたので，ここに＿＿＿＿＿E＿＿＿＿＿。

A－(1) ご発展
　　(2) ご健勝
　　(3) ご隆盛

B－(1) ご紹介してくださり
　　(2) ご紹介されてくださり
　　(3) ご紹介くださり

C－(1) 本当に
　　(2) 心から
　　(3) 誠に

D－(1) 御礼申し上げます
　　(2) ありがとうございます
　　(3) 感謝申し上げます

E－(1) ご報告申し上げます
　　(2) ご報告させてもらいます
　　(3) ご報告します

問 13 次の【伝言メモの例】を参考にして，下の枠内の【伝える用件】を伝言メモにしなさい。

【伝言メモの例】

村田課長

　P社の白井様から，「SO -2」の商談について，下記の通り変更してもらいたいとの連絡がありました。
　変更が可能かどうか，明日朝，確認のご連絡を下さるとのことです。

1　日　時　　10月12日（火）10時〜11時
2　場　所　　P社ミーティング室　3階

以上

9時30分　三宅受け

【伝える用件】

（13時45分，出張中の北村課長から渡辺主任あての伝言を，河上が受けた）

　北村だが，渡辺さんに，次の条件で見積書を作って，16時までに私まで，メールを送ってほしいと伝えてくれ。見積書のあて先はD社，品名はK300，数量は20台，納期は3月10日。
　よろしく頼む。

問14 次の【参考文例】の形式や書き方を参考にして，次の(1)および(2)に答えなさい。

【参考文例】

営　発　第　77号

令和○年9月29日

営業所長各位

営業開発部長

新製品「DR 5」説明会の開催について（通知）

表記の説明会を下記の通り開催するので，出席してください。

記

1　日　時　　10月18日(水)15時から16時まで
2　場　所　　第1研修室(6階)
3　資　料　　当日配布　　　　　　　　　　　　　　　　　以上

担当　営業開発課　室田

（内線　908）

(1) 次は，営業課の移転を社員に知らせる社内通知状の一部です。この中の下線部分Aにはどのような語句が入るか。①～⑤の中から適当と思われるものを一つ選び，番号で答えなさい。

> このたび，営業課は下記の通り移転することになったので，＿＿＿A＿＿＿。

① ご通知いたします

② ご案内申し上げます

③ ご案内させていただきます

④ 通知する

⑤ 通知します

(2) 次の内容に従って，記書きを交えたフォローアップ研修実施の社内通知
状を作成しなさい。

1	発信者	人事部長
2	受信者	全新入社員
3	発信日	令和○年6月26日
4	文書番号	人発第28号
5	表　題	フォローアップ研修の実施について（通知）
6	担当者	研修部　　武林　（内線331）

　表題に書いた研修を，7月25日の火曜日から27日の木曜日まで，毎
日9時から16時まで，6階の研修室で実施する。対象となるのは本年4
月に入社した社員全員である。対象者は必ず受講すること。

問15 次の文章の[   ]点線の枠部分に，「さて，今日は忙しいにもかかわら ず，面談してくれて，本当にありがとう。その際，説明をしたうちの会 社の新製品の件はどうだったか。もし，取り扱いの希望があったら， 改めて説明に行くので，気軽に言い付けてくれるよう願う」という意 味の文章を入れて，全体が丁寧な訪問の礼状になるようにしなさい。

拝啓　貴社ますますご発展のこととお喜び申し上げます。

まずは，取りあえず書中をもって御礼申し上げます。　　　　　　　敬具

問16 請求書などを郵送する場合，封筒の表面に，あて名とは別にどのよう な書類が同封されてあるかを知らせる言葉を書きます。では，一般的 にどのような言葉を書くのがよいか，次の中から適当と思われるもの を一つ選び，番号で答えなさい。

(1) 請求書封入
(2) 請求書在中
(3) 重要（請求書）
(4) 御請求書
(5) 請求書同封

問 17 新人の脇坂虹乃は係長から「A4判・B4判・B5判の資料をそれぞれ20部ずつコピーして，大きい資料から順に配ってくれ」と会議出席者への資料配布を指示された。この場合，脇坂はどのような順番で配ればよいか，次の中から適当と思われるものを一つ選び，番号で答えなさい。

(1) B4判→ A4判→ B5判の順番
(2) B4判→ B5判→ A4判の順番
(3) B5判→ A4判→ B4判の順番
(4) A4判→ B5判→ B4判の順番

2級模擬試験

問 01 下の各文の下線部分を，適切な漢字に書き改めなさい。

(1) 労使間の接衝。
(2) 先入感を排除する。
(3) 永年勤続の表賞を行う。
(4) 商談に望む。
(5) B4番の用紙。

問 02 次の各文の下線部分の中から，送り仮名の適当なものを一つ選び番号で答えなさい。

(1) A案とB案を併わせる。
(2) 部長自ら指導に当たる。
(3) 悔やしい思いをこらえる。
(4) 和かな雰囲気。
(5) 不足分を補なう。

問 03 次の各文の下線部分を漢字で書くとき，①「際」になるのはどれか。適当と思われるものを一つ選び，番号で答えなさい。②その他の下線部分はどのような漢字になるか答えなさい。

(1) ぜいたくのキワみ。
(2) キワ立ったデザイン。
(3) 口をキワめて褒める。
(4) 感キワまる。
(5) キワめ付きの逸品。

問 04 次の各文の下線部分を，漢字で書きなさい。

(1) 警告にも<u>イッコウ</u>に動じない。
(2) <u>イッコウ</u>を要する事柄である。
(3) 視察団の<u>イッコウ</u>が到着した。

問 05 次の各文の（　　　　　）内は，その上の下線部分の意味です。この□内に，該当する手紙用語を書き入れなさい。

(1) <u>ご来臨の□を賜りたく</u>，ご案内申し上げます。
　　（出席してくださるよう）

(2) 今後とも<u>□に倍する</u>，ご支援を賜りますよう，お願い申し上げます。
　　　（以前にも増して）

(3) <u>□□出張</u>に際しましては，大変お世話になり，厚く御礼申し上げます。
　　（あなたの会社がある土地に出張したときは）

(4) <u>□□を得たく</u>存じます。
　　（あなたのご意向を伺いたいと）

(5) 一意<u>□□</u>精励いたす所存でございます。
　　（一つのことに心を集中して）

問 06 次は，契約書に押した印鑑の位置を示したものです。この中の□と○の印鑑は何と呼ばれるか。下の中から適当と思われるものを一つ選び，それぞれ番号で答えなさい。

株式会社ジャパンセンター□

　　　代表取締役社長　　　広島　綾和○

□　─　(1) 公印
　　　　(2) 団体印
　　　　(3) 社印

○　─　(1) 契印
　　　　(2) 代表者印
　　　　(3) 捺印

Ⅱ 表現技能

問 07 次の文章の不要な個所（4カ所）を二重線で消し，文を整えなさい。

　先般開催の展示会に際しましては，関係各位の皆様には，ひとかたならぬ多大のご高配を賜り，厚く御礼申し上げます。
　おかげさまで，展示会も全日程をすべて滞りなく終えることができました。
　詳しくは，いずれあらためて詳細にご報告させていただきますが，取りあえず書中をもって御礼申し上げます。

問 08 次の下線部分に該当すると思われる語を下の【語群】の中から選び，番号で答えなさい。

(1) 計画の＿＿＿＿を述べる。
(2) ＿＿＿＿の検討をつける。
(3) 株式市場の＿＿＿＿を報告する。
(4) ＿＿＿＿＿で合意する。
(5) 経費を＿＿＿＿する。

【語群】

① 概略　② 概算　③ おおよそ　④ 概況　⑤ 大筋

問 09 次の文書の表題（下線部分）は不適切です。この文書の表題はどのようなものがよいか答えなさい。また，この場合の適切な頭語と結語を答えなさい。

納入代金の未確認について（ご照会）

　□□　7月31日付でご請求しました7月分の納入代金60万円，8月31日に当社銀行口座にご送金とのご連絡を頂きましたが，9月20日現在，まだ入金の確認ができておりません。
　ご多忙のためお忘れかとも存じますが，当方の帳簿整理の都合もございますので，至急お調べの上ご送金くださいますようお願い申し上げます。

□□

問10 次は，相手から受け取った手紙の敬った言い方です。中から不適当なものを一つ選び，番号で答えなさい。

(1) ご貴簡
(2) ご書面
(3) ご書簡
(4) お手紙
(5) ご書状

問11 次の各文の中から，下線部分の尊敬語の使い方が適切なものを選び，番号で答えなさい。

(1) 弊社経理部までご連絡されていただきたいと存じます。
(2) お足元の悪い中ご足労していただき，誠に恐縮に存じます。
(3) 11月末日までにご請求してくださるよう，お願いいたします。
(4) ご連絡されてくだされば，直ちに参上いたします。
(5) ご署名の上ご押印くださるよう，お願いいたします。

問12 次は，取引先常務に対する祝い状の一部です。この中の下線部分を，手紙の慣用語を使って適切な言い方に書き改めなさい。

さて，このたびは取締役常務に<u>地位が上がって栄転した</u>とのこと，誠 (1)
におめでとうございます。これも，平素のご精励と卓越したご手腕によ
るものと<u>関心している</u>。 (2)

　当地にご在勤中は，何かと格別の親切で思いやりのある<u>お気持ちを</u> (3)
<u>もらい</u>，心から感謝いたしております。

　なにとぞ，<u>お体を大事にした上で</u>，<u>活躍するよう</u>，お祈りいたします。 (4) (5)

問13 総務部の寺田小波は，今度広報部に異動することになった。このことについて次の問に答えなさい。

(1) 会社が寺田に異動を正式に命令する文書を何というか。次の中から適当と思われるものを一つ選び，番号で答えなさい。

① 誓約書
② 異動願い
③ 出向通知
④ 令状
⑤ 辞令

(2) (1)の文書の発信者として適当な役職を，次の中から一つ選び，番号で答えなさい。

① 総務部長
② 広報部長
③ 代表取締役社長
④ 営業部長
⑤ 人事部長

次の内容に従って，記書きを交えた新入社員配属先の社内通知状を作成しなさい。

1	発信者	情報センター部長
2	受信者	全部員
3	発信日	令和〇年7月31日
4	表　題	適切と思われるものを付けなさい。
5	担当者	業務課　山下　（内線289）

　今後，4か月にわたる研修を終えた新入社員の配属が，決定したので通知する。配属先だが，サポートセンター課には，橋本菜奈さんと北村成和さん，システム開発課には，古川千奈都さん，マネジメント開発課には，後藤明穂さんと江藤礼香さんがそれぞれ配属になった。勤務開始は8月7日である。なお，配属後，新入社員説明会を開催する。詳細は後日改めて通知する。

問 15 次の内容に従って，新規取引の申し入れに対する承諾状にしなさい。

1	発信者	株式会社日本産業　営業本部長　川本　祐司
2	受信者	株式会社シーエスコーポレーション　営業部長
		中本　雄二
3	発信日	令和○年9月22日
4	表　題	適切と思われるものを付けなさい。
5	同封物	委託販売契約書類　一式
6	担当者	営業本部　酒井　電話03‐1234‐5678

　おたくの会社もますます盛んなこととお喜び申します。
　さて，今度，申し入れてきた新規取引の件，慎重に検討させてもらった結果，受けることに決定したので，ここに通知します。
　おたくのここ数年の販売実績には目覚しいものがあり，うちとしても，十分に期待ができると結論に至った次第です。
　ついては，委託販売契約書等の関係書類一式を同封したので，必要書類を記入押印の上で返送してくれるよう，お願いします。
　まずは，回答をお願いします。

問 16 次の内容を会社に届け出る場合，それぞれ何と呼ばれる文書を使うか。その文書の名称を答えなさい。

(1) 引っ越しをして住所が変わった。
(2) 子供が生まれた。
(3) 来週，私用のため会社を2日休みたい。

問 17 請求書などでは，請求した金額を銀行口座に振り込んでもらうために，振込先を記載することがあります。その場合の記載事項には，どのようなものがあるか，「銀行名」以外に四つ答えなさい。

[問01]

　　さて，このたびは，当社製品の資料をご請求いただき，誠にありがとうございます。つきましては，早速，本年度版総合カタログをお送りいたしましたので，ご検討くださいますよう，よろしくお願い申し上げます。

[問02] (1) 茨城　(2) 新潟　(3) 徳島　(4) 三重　(5) 那覇

[問03] (1) 代表取締役社長　(2) 監査役　(3) 専務　(4) 常務　(5) 本部長

[問04] (1) 延ばす　(2) 伸びる　(3) 伸ばす　(4) 延びる

[問05]

(1) うけたまわ　(2) しょうしん　(3) きでん　(4) たくえつ

(5) しゅわん　(6) はいさつ　(7) けいふく　(8) た

[問06]

(1) ④　(2) ②　(3) ⑧　(4) ①　(5) ⑦

(6) ⑥　(7) ⑩　(8) ⑨　(9) ③　(10) ⑤

[問07] (4)

[問08] (1) 綿密　(2) 精密　(3) 克明　(4) 細心

[問09]

　　　　　　　　　　　　　　　　　　　さて，
　拝啓　貴社ますますご発展のこととお喜び申し上げます~~が，~~当社では事業の拡大化
　に伴い，新社名を検討してまいりましたが，このたび「株式会社ミッドワールド」と
　　　　　　　　　　　　　　　つきましては，
　社名変更することといたしました~~ので，~~これを機に社員一同，さらに精励いたす所
　存でございますので，今後とも一層のご愛顧を賜りますよう，お願い申し上げます
まずは，
　~~が，~~取りあえず書中をもってごあいさつ申し上げます。

　　　　　　　　　　　　　　　　　　　　　　　　　　　　　　　　敬具

[問10] (3)

［**問11**］ (1)「見積書を検討の上，注文させていただきます」が正しい。

(3)「今後は，私が貴社の担当を務めさせていただきます」が正しい。

［**問12**］ A – (2)　B – (3)　C – (3)　D – (1)　E – (1)

Ⅲ 実務技能

［**問13**］

渡辺主任

北村課長から，次の条件で見積書を作成して，16時までに北村課
長へメールしてほしいとの連絡がありました。

1　あて先　　D社
2　品　名　　K300
3　数　量　　20台
4　納　期　　3月10日　　　　　　　　　　　　　　以上

13時45分　河上受け

解答解説

［問14］

(1) (5)

(2)

人　発　第　28号
令和〇年6月26日

新入社員各位

人事部長

フォローアップ研修の実施について（通知）

表題の研修を下記の通り実施するので，対象者は必ず受講してください。

記

1　期　　間　7月25日（火）から27日（木）まで
2　時　　間　9時から16時まで
3　場　　所　研修室（6階）
4　対　　象　本年4月に入社した社員全員　　　　　　　　　　　　　以上

担当　研修部　　武林
（内線331）

［問15］

　さて，本日はご多忙中にもかかわらず，ご面談くださり，誠にありがとうございました。
　その際，ご説明を申し上げました当社新製品の件は，いかがでございましたでしょうか。もし，お取り扱いのご希望がおありでしたら，改めてご説明に伺いますので，お気軽にお申し付けくださるよう，お願いいたします。

［問16］(2)
［問17］(1)

2級模擬試験　解答解説

Ⅰ 表記技能

［問01］(1)折　(2)観　(3)彰　(4)臨　(5)判

［問02］(2)

［問03］①(2)　②極

［問04］(1)一向　(2)一考　(3)一行

［問05］(1)栄　(2)旧　(3)貴地　(4)貴意　(5)専心

［問06］□　…　(3)　　○　…　(2)

Ⅱ 表現技能

［問07］

> 　　先般開催の展示会に際しましては，関係各位~~の皆様~~には，~~ひとかたならぬ~~多大の
> ご高配を賜り，厚く御礼申し上げます。
> 　　おかげさまで，展示会も全日程を~~すべて~~滞りなく終えることができました。
> ~~詳しくは~~，いずれあらためて詳細にご報告させていただきますが，取りあえず書
> 中をもって御礼申し上げます。

※「多大の」「詳細に」を削除しても可。

［問08］(1)①　(2)③　(3)④　(4)⑤　(5)②

［問09］

表題　納入代金のご送金について（お願い）

　　　納入代金ご送金のお願い

頭語 ― 前略

結語 ― 草々

［問10］(1)

［問11］(5)

解説

(1)ご連絡いただきたいと存じます。が正しい。

(2)ご足労いただき，が正しい。

(3)ご請求くださるよう，が正しい。

(4)ご連絡くだされば，が正しい。

[問12]

(1) 栄転された・ご栄転なさった・ご栄転になった・ご栄転

(2) 敬服（感服）いたしております

(3) ご厚情（ご懇情・ご芳情）を賜り

(4) ご自愛の上（うえ）

(5) ご活躍されるよう・ご活躍なさいますよう・ご活躍になりますよう

Ⅲ 実務技能

[問13] (1) (5)　(2) (5)

[問14]

令和○年7月31日

部員各位

情報センター部長

新入社員の配属先について（通知）

　このたび，4か月にわたる研修を終えた新入社員の配属が，下記の通り決定したので通知します。

記

1　配属先
　　サポートセンター課　橋本菜奈
　　　　　　　　　　　　北村成和
　　システム開発課　　　古川千奈都
　　マネジメント開発課　後藤明穂
　　　　　　　　　　　　江藤礼香

2　勤務開始　8月7日

　なお，配属後，新入社員説明会を開催します。詳細は後日改めて通知します。

以上

担当　業務課　山下
（内線289）

令和〇年9月22日

株式会社シーエスコーポレーション
営業部長　中本　雄二様

株式会社日本産業
営業本部長　川本　祐司　印

新規取引について（ご回答）

拝復　貴社ますますご隆盛のこととお喜び申し上げます。
　　さて，このたびお申し入れの新規取引の件，慎重に検討させていただきました結果，お受けいたすことに決定いたしましたので，ここにご通知申し上げます。
　　貴社のここ数年の販売実績には目覚しいものがあり，当社といたしましても，十分に期待ができるとの結論に至った次第でございます。
　　つきましては，委託販売契約書等の関係書類一式を同封いたしましたので，必要書類をご記入ご押印の上ご返送くださいますよう，お願いいたします。
　　まずは，ご回答かたがたお願い申し上げます。　　　　　　　　　　　敬具

同封　　　　委託販売契約書類　一式　　　　　　　　　　　　　　以上

担当　営業本部　酒井
電話03 - 1234 - 5678

発信者の印は，現在では省略されることが多い（採点から除外）。
「ご記入ご押印の上」は「ご記入ご押印のうえ」としても可。

［問16］
(1) 住所変更届（転居届）　(2) 出生届（出産届）　(3) 休暇届（欠勤届）

［問17］
①支店名　②口座の種類（普通預金か当座預金か）　③口座番号　④名義

解答用紙のお知らせ

　模擬試験用の解答用紙は，３級用，２級用それぞれ読者特典として提供しています。Web からダウンロードして印刷してお使いください。読者特典の入手の仕方については，14 ページをご確認ください。

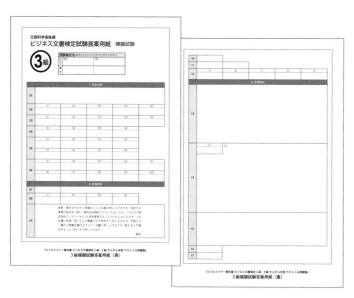

おわりに

　ビジネス文書検定は３級，２級，１級の３つの級があり，ビジネス文書を習得することは，実務に役立つことはもちろんだが，審査基準は次のようになっています。

　３級は，上司の指示に従って，普通の文書を正しく理解し，作成することができる。
　２級は，単独で普通の文書を正しく理解し，作成することができる。
　１級は，必要に応じて，これらを適切に指導することができる。

　どの級を受験しようかと考える際，次の習得内容を考慮していただきたく思います。

　３級は，社会人としてビジネスで使用する文書を書けるようになるため。
　２級は，ビジネスの現場で，規定のフォーマットに基づき，挨拶状，報告書，企画書や社内文書・社外文書を書けるようになるため。
　１級は，規定のフォーマットを改善し，より高度な社内文書・社外文書を作成することができる，さらに指導や添削ができるようになるため。

　ビジネス文書検定の勉強をとおして，合格証だけでなく，ビジネスパーソンとして仕事で即戦力の評価を得て，後輩や部下の指導に携わっていただきたいと思います。

　　　　　西村この実

著者紹介

西村この実 にしむらこのみ

青山学院大学大学院経営学研究科博士前期課程修了。経営学修士。
株式会社ラ・デタント取締役として，企業研修およびコンサルティング，
ヒューマンスキル研修，ビジネス系検定講座などを行う。また，公益財団
法人実務技能検定協会より委託を受け，秘書検定を含むビジネス系検定の
試験運営に協力している。秘書技能検定試験準1級面接審査委員，サービ
ス接遇検定準1級面接審査委員，公益財団法人実務技能検定協会評議員。
産業カウンセラー，キャリアコンサルタント。秘書検定，サービス接遇検
定，ビジネスマナー関係の書籍の執筆多数。現在，比治山大学短期大学部
教授。

装丁・本文デザイン：cycledesign
表紙・本文イラスト：松屋真由子
組版：K's Production

ビジネスマナー教科書

ビジネス文書検定 2級・3級
すらすら合格 テキスト&問題集

2023年4月25日　初版　第1刷　発行
2024年9月20日　初版　第2刷　発行

著　者：西村この実
発行人：佐々木幹夫
発行所：株式会社翔泳社 （https://www.shoeisha.co.jp/）
印　刷：昭和情報プロセス株式会社
製　本：株式会社国宝社